心理素质拓展

实务与应用

靳贤胜　李　敏　李军霞　主编

·成都·

图书在版编目(CIP)数据

心理素质拓展实务与应用 / 靳贤胜，李敏，李军霞主编. -- 成都 ：电子科技大学出版社，2019.3（2020.1重印）
ISBN 978-7-5647-6751-8

Ⅰ. ①心… Ⅱ. ①靳… ②李… ③李… Ⅲ. ①大学生－心理素质－素质教育－高等职业教育－教材 Ⅳ. ①G444

中国版本图书馆CIP数据核字(2019)第036231号

心理素质拓展实务与应用
XINLI SHUZHI TUOZHANG SHIWU YU YINGYONG
靳贤胜　李　敏　李军霞　主编

策划编辑 周清芳
责任编辑 周清芳
出版发行 电子科技大学出版社
成都市一环路东一段159号电子信息产业大厦九楼　邮编 610051
主　　页 www.uestcp.com.cn
服务电话 028-83203399
邮购电话 028-83201495

印　　刷 成都市火炬印务有限公司
成品尺寸 185mm×260mm
印　　张 9.5
字　　数 200千字
版　　次 2019年3月第一版
印　　次 2020年1月第二次印刷
书　　号 ISBN 978-7-5647-6751-8
定　　价 28.60元

前言

QIAN YAN

为适应社会发展对人力资源开发的需求，促进广大青年学生全面成长成才，我们根据共青团中央、教育部、全国学联下发的《关于实施“大学生素质拓展计划”的意见》和《教育部关于加强普通高等学校大学生心理健康教育工作的意见》等文件精神，结合具体教学实际，编写本教材。

本书主要包括三个部分，第一部分为基础理论篇，主要对心理素质拓展起源与发展、内涵与作用、理论依据与学习方式进行概述。第二部分为实务篇，包括心理素质拓展的破冰与团队建设、心理素质拓展地面项目、心理素质拓展低空项目、心理素质拓展中空项目、心理素质拓展高空项目五章内容，用于详细指导开展不同类型的项目训练。第三部分为安全篇，包括心理素质拓展的安全与急救、心理素质拓展的训练场地与常用器械两章内容。

本书特色如下：

一、系统性：基础理论篇系统阐述了心理素质拓展的理论基础，为实践训练的开展奠定了基础；安全篇系统阐述了心理素质拓展的安全与急救等常识，为实践训练的开展提供了安全保障。

二、创新性：将素质拓展训练运用到大学生心理健康教育工作中，实现了课内与课外相结合、理论与实践相结合、示范与体验相结合。

三、可操作性：依据学生身心发展的特点及学校的场地和特色来精选训练项目，操作程序一目了然。

本书由靳贤胜、李敏、李军霞担任主编，刘利敏、皇甫柏会、薛庄林、李伟、高里程、王磊、崔正贺担任副主编，李敏、李军霞负责统稿和定稿。

由于时间仓促，编者水平有限，书中难免存在不足之处，恳请读者提出宝贵意见，以鞭策我们今后对此教材进行修订和完善。

《心理素质拓展实务与应用》编写组

2020年1月12日

心理素质拓展实务与应用

目录

MULU

基础篇

实践篇

基础篇

JI CHU PIAN

第一章 心理素质拓展基础理论

第一节　素质拓展训练的起源与发展

一、素质拓展训练产生的背景

当素质拓展训练越来越丰富地展现在我们面前时，我们不仅要辨析它的现在，还会不由自主地想了解它的源头。一种教育思想的产生一定是多方面原因促成的，而其中最主要的成因必然是追根溯源的重点。

首先，我们要了解素质拓展训练产生的基础。素质拓展训练的前身来自于“拓展训练”一词。由于“拓展训练”主要是在 Outward Bound（简称OB）的教育理念影响下产生的，因此，了解OB的产生过程和当时的教育思想及模式十分必要。

最初，OB主要在航海中使用，是船只出发前，用于召唤船员上船的旗语，表明船出发的时刻到了。现在，OB作为一种学习方式，被越来越多的人接受，并在教育领域诠释为：“一艘小船在暴风雨来临之际，离开安全的港湾，驶向波涛汹涌的大海，去迎接未知的挑战，面对风险与困难的同时，也可能发现新的机遇。”

Outward Bound一词可以追溯到20世纪40年代第二次世界大战时期的英国。当时，许多英国军舰及商船在遭到德国潜艇的袭击后沉没了，大批船员落水。由于海水冰冷，又远离大陆，绝大多数的船员牺牲了，但仍有极少数的人在经历了长时间的磨难后幸运生还。细心的人们惊讶地发现，生还的人并不都是身强力壮的年轻人，很多都是年纪偏大、体力较差的老船员。经过一段时间的调查研究，人们终于找到了问题的答案：这些人之所以能活下来，关键在于他们有着幸福的家庭，有着顽强的意志力，有着对事业和家人强烈的责任感。还因为年长，他们在常年的海上历练中，掌握了海上生存的方法，善于与他人合作，练就了良好的心理素质。当遇到灾难的时候，他们首先想到的是：我一定要活下去，我能找到办法，然后想办法求救或自救。而那些年轻的海员多因遇事不够冷静，在沉船之后，没有使用正确的求生方法，浪费了过多的体力，很多在救援到达之前就耗尽了体力，放弃了活下去的信念，最终失去了生命。

英国蓝色烟囱船运公司老板劳伦斯·霍尔特是一个热爱海上训练和海上生存的实业家。他认为，和经验丰富饱经风浪的老水手不同，年轻的海员没有经历过风雨，没有学会依靠自己的智慧和团队的协作摆脱困境的能力，并且缺乏和同伴无私合作的信念。于是，在他的资助下，德国教育家库尔特 · 汉恩博士对多起海难进行了调查并创立了培训学校。汉恩博士尝试针对海难幸存者的经历和他们的性格特点，模拟海难情境，训练年轻船员的心理素质和应对海难的技能。

第二次世界大战期间，汉恩博士呼吁英国实施一个宏伟的国家计划——“城郡徽章计划”。该计划致力于培养年轻人的心理素质和增强他们的体质，使他们能够适应在野外和困境中生存、战斗。

1941年，由劳伦斯·霍尔特出资，汉恩博士终于建立了“阿伯德威海上求生学校”。霍尔特称之为Outward Bound学校，又叫“外展训练中心”，是我们现在所熟知的OB课程模式和OB组织的开端。这所学校为学员提供28天住校课程，参加培训的学员不仅包括劳伦斯·霍尔特公司的职员，还有来自政府用船的船员，更有军校的学员和警察以及对训练感兴趣的男孩子。一个月的课程包括小船驾驶训练、体能训练、乡村越野训练、救援训练、海上探险、穿越山脉的陆地探险和惠及当地居民的服务活动等。汉恩和霍尔特设计课程的基本理念是：通过训练帮助学员在自然环境中获得挑战的深刻体验，再通过这种体验帮助学员建立起对个人价值的认知，促使训练小组更清楚地意识到人与人之间相互依靠、相互关心的重要性。这些课程的优势在于培养集体精神和加强团队意识。第二次世界大战期间，英国部队征用了汉恩博士的学校，“外展训练”为战争中年轻人在海上的生存做出了贡献。人们意识到参加过阿伯德威学校课程的男生实际上比他们想象的还要强。第二次世界大战结束前，人们觉得这种训练应沿用到和平年代。Outward Bound学校经过改造和完善，发展成为现代组织培训人才的培训机构。改造后的课程利用户外生存的形式，模拟真实管理情境，对参与者进行心理和管理两方面的培训，这种训练称之为“外展训练”。

二、素质拓展训练的发展

随着“外展训练”内涵的不断丰富，又发展成为与时代接轨的“素质拓展训练”。“素质拓展训练”目前已发展成为培养现代人和熔炼现代组织的一种全新的学习方法和训练方式，它打破了传统的教学形态，以对合作意识、进取精神的激发和升华为宗旨，利用大自然和人工创设的特殊情境，通过精心设计的各种“挑战极限”性质的活动，激发参与者潜能，增强团队活力、创造性和凝聚力，以达到提高团队绩效的目的。“素质拓展训练”也从单纯的体能、生存训练拓展到心理训练、人格训练和管理训练等。

一些高校将素质拓展培训大胆引入学生素质拓展体系中。同时很多高校立项投资兴建户外素质拓展培训基地，借助户外运动器械，创设富有思想性、挑战性和趣味性的户外情境，围绕自我潜能发现、团队信任合作、逆境自救脱险、人生积极进取等方面，编制培训方案，采用体验式培训使受训人员挑战自我、磨炼意志，并受到了已经施行户外素质拓展培训院校学生的极大欢迎。

第二节 心理素质拓展的内涵与作用

一、心理素质拓展的内涵

据《现代汉语词典》解释，“拓”意为“开辟、扩充”；“展”指“张开”。“拓”“展”合用，意指开拓扩展。将“心理素质”和“拓展”联系起来，可以有广义和狭义两种不同的理解。从广义的角度来看，心理素质拓展是对心理素质的补充（弥补）、完善和提高；而从狭义的角度来看，心理素质拓展既是心理素质补充（弥补）、完善和提高过程中的某一个或几个具体的环节或者方面，还是促成这一过程的手段、方法，比如作为户外体验式培训的户外心理素质拓展。

本书的心理素质拓展指的是一种让成员在不寻常的户外环境下，直接参与一些精心设计的活动，继而自我发现、自我激励以达到自我突破、自我升华的新颖有效的训练方法。成员让自己置身于一个“特殊”的环境里，通过一系列具有趣味性和挑战性的地面或高空元素的拓展活动，更深入地探索自我、挖掘自己的潜能，体现个人与团队的关系，突破自己的固有模式，学习如何面对恐惧和困难。

心理素质拓展并非“体育”加“娱乐”，也不是所谓的“魔鬼训练”。它回答的是这样一些问题：在今天，知识和技能只是有形的资本，而强烈的进取心、顽强的意志和良好的沟通与团队精神，才是一种无形的力量。在什么样的情况下，能使有限的知识和技能释放出最大的能量？如何开发出那些一直潜伏在每个人身体内，而人们又未必真正了解的能力和情趣？怎样才能实现与他人的良好沟通，并弄清这种沟通能够深入到什么程度？怎样有效地破除自我中心概念，改变对于他人和社会的冷漠心态？这才是心理素质拓展的真正意义所在。

作为一种现代型学习方式和训练方法，心理素质拓展通过精心创设的特殊情境中的系列活动，激发、调整、升华、强化受训者的心理、身体、品德素质和潜能，力求使受训者达到心态开放稳定、敢于应对挑战、富有创新活力、促进团队形成的目的。

心理素质拓展以提高心理素质为主要目的，兼具体能和实践的综合素质教育。它以运动为依托、以培训为方式、以感悟为目的，与传统的知识培训和技能培训相比，少了一些说教和灌输，多了一些运动中的体验和感悟。

实施素质教育，其根本目的在于根据社会发展的需要，帮助受教育者完善自我、提高素质。素质教育的核心在于强调作为主体的人基本素质的养成与发展。由此不难看出，心理素质拓展是素质教育的重要组成部分和实施途径。二者的区别主要在于，素质教育更注重素质的养成和培育（即“育”），当然也内在地蕴含了拓展的要求；心理素质拓展则更多地着眼于“发展”，是对已有心理素质的补充和完善（也包括对应有心理素质的弥补）。

“心理素质拓展”一词源自近年来所提出的“大学生心理素质拓展”，源于共青团中央、教育部为当代大学生“量身打造”的、旨在引导和帮助大学生全面发展的素质教育计划——“大学生素质拓展计划”。在总结全国高校开展素质教育实践经验的基础上，共青团中央、教育部、全国学联于2002年3月联合发布《关于实施“大学生素质拓展计划”的意见》，并在全国63所高校试点实施。2003年2月，团中央在上海召开现场推进会，并要求全国高校统一推进。至此，以“大学生素质拓展计划”为主线的大学生素质拓展工作，迅速在全国高校推广开来。

近几年来，许多高校开始根据各自的办学实际情况和素质教育工作推进的需要，立足学生的特点和需求、针对时代特征、结合人才培养目标有选择地、突出重点地设计和实施了具有本校特色的大学生素质拓展工作。在这个过程中，由于大学生的心理健康问题越来越突出，越来越多的高校开始更多地在大学生素质拓展计划中融入了心理健康的内容，并逐步形成了各具学校特色的大学生心理素质拓展体系。

二、高校实施心理素质拓展的作用

（一）符合高校人才培养目标的需要

《中华人民共和国高等教育法》第一章第四条和第五条规定，高等教育必须贯彻国家的教育方针，为社会主义现代化建设服务，与生产劳动相结合，使受教育者成为德、智、体、美、劳等方面全面发展的社会主义建设者和接班人。高等教育的任务是培养具有创新精神、实践能力和发展科学技术文化、促进社会主义现代化建设的高级专门人才。心理素质拓展训练课程是培养大学生思想与道德修养、智育开发等多个课程的集合体，开设心理素质拓展训练课程对学生团队合作意识的培养、坚忍能力的锻炼以及竞争意识的保持具有重要的理论指导作用。

（二）适应当代教育发展的需要

中青联发〔2002〕14号《关于实施“大学生素质拓展计划”的意见》中指出，素质拓展要以开发大学生人力资源为着力点，进一步整合并深化教学主渠道外的有助于学生提高综合素质的各种活动项目。在社会高速发展的新形势下，如何提高大学生的综合素质，是当前以及今后高等教育人才培养工作中必须着力解决的问题。实施心理素质拓展训练为教育发展提供了一个良好的机遇，开设心理素质拓展训练课程可以大大促进高校教育工作者积极思考如何提高在校学生的综合素质并建构先进的教学模式。对高等教育工作来讲，一方面是教育发展自身的需要，另一方面也为教学提供了一个很好的载体。抓好了大学生心理素质拓展训练工作，就抓住了大学生学习成才、实现自身价值、服务社会、报效祖国的根本需求，就能够增强高校教育对大学生的吸引力。

（三）提高大学生心理健康水平的需要

现代社会是一个充满竞争的社会，对人的心理素质提出了更高的要求。如果没有良好的心理素质，不仅难以胜任挑战性极强的工作，而且自身具备的知识和能力也会因心理原因而无法充分施展。心理素质拓展训练在培养大学生的健康心理素质方面具有独特的价值，主要表现在：能有效促进大学生的自我认识能力、缓解压力能力、人际沟通能力、控制情绪能力、自我监控能力、自我效能等社会心理能力的提高；能有效调节紧张情绪，缓解心理压力，形成合理的心理应付机制；能有效改善心理健康，有利于大学生全面健康的发展。例如，拓展游戏能使大学生体验快乐，缓解心理压力；高空项目可以让大学生挑战心理极限，并体验到成功后的喜悦。

第三节 心理素质拓展实施的理论依据与学习方式

一、心理素质拓展实施的理论依据

（一）教育学理论

19世纪末20世纪初，美国出现了实用主义学说，其创始人杜威（1859−1952年）

在1916年出版了《民本主义与教育》，其后，他的《体验式艺术》和《体验教育》等书阐述了体验对学习的促进作用。杜威从实用主义出发，反对传统的教育以学科教材为中心和脱离实际生活，主张学生在实际生活中学习，提出“教育即生活”“教育即生长”“学校即社会”和“从做中学”。这种学说是以“经验”为基础，以“行动”为中心，带有经验主义的色彩。但是，他的“从做中学”的思想对后来的教育始终有着较大的影响。杜威教育思想中的“从做中学”就是心理素质拓展训练最基础的理论。

（二）建构主义学习理论

建构主义是行为主义发展到认知主义以后的进一步发展。建构主义教学思想认为：学习者是学习的主体，有效的学习需要从学习者的兴趣出发，从解决实际的问题出发，只有这样，学习者才能产生学习的动力。教师不是单向的知识传递者，其作用在于为学习者提供丰富的学习情境，帮助和指导学习者建构自己的经验并引导学习者从直接经验中学习。建构主义教学思想还鼓励教学信息的多向流动，而不只是从老师到学习者的单向流动。可见，建构主义教学思想提倡的学习方法是教师指导下以学习者为主体的学习。反观体验式培训，无论是学习情境的设置、学习者以主体身份通过活动获得体验，还是培训的指导、团队成员之间的交流和最终成果的形成，都充分体现了建构主义教学思想的学习主体观、教师观、学习观和教学观。

（三）体育学理论

心理素质拓展训练的教学过程类似于体育课程。体育教学的过程就是学生体验的过程。在体育教学过程中，师生共同参与，通过确定目标、激发动机、理解内容，然后进行反复练习，最后教师作出评价。心理素质拓展训练教学的组织过程也是从准备热身部分到参与体验部分，再到最后的评价和回顾部分。二者都是学生直接通过体验而建构知识、获得技能和提升自我价值。可见，心理素质拓展训练的授课过程及基本环节与体育教学的过程和环节是基本相同的。

在中国高校开展的心理素质拓展训练很多时候是和体育课程相结合的。心理素质拓展训练是运动学和体育学的内容之一，拓展训练以体能活动为主要形式，在遵循人体运动的一般规律、提高学生心智的同时，帮助学生锻炼肌肉、增强身体代谢和身心承受能力，提高神经的协调能力。

（四）心理学理论

心理素质拓展的心理学依据主要是“努力/放弃”（积极/消极）的心理力学模型，以及“体验—了解—控制—超越”的心理适应规律。通过户外体验项目活动中的情境设置，使参加者充分体验所经历的各种情绪，尤其是负面情绪，从而深入了解自身（或团队）面临某一外界刺激时的心理反应与后果，进而学会控制、实现超越。认知心理学者布鲁纳提出“发现学习论”，他指出，教学理论实际上就是关于怎样利用各种手段帮助人成长和发展的理论。学习的过程是将学生置身于学习环境的刺激中，经由学生自己的探索从而获得知识。在心理素质拓展训练中，拓展教师首先制订好规则，内容由设置的问题和解决问题的方法所组成，心理学的观点很适合拓展训练中那些解决问题性的项目。

（五）管理学理论

管理学是一门充满挑战和变化，而且能够让人激动又回味无穷的课程。管理是指在特定的环境下，管理者通过执行计划、组织、领导、控制等职能，整合组织的各项资源，实现组织既定目标的活动过程。心理素质拓展的实施一般是基于假设的户外生存情境，让成员寻求破解困境的办法。因此，在拓展团队中必然存在用管理的方式来推选团队的领导，用管理的方法来合理分工，用团队的力量来解决问题。管理学中的决策理论、系统理论、控制理论和人际关系学说均在心理素质拓展中得以体现。心理素质拓展训练课程包含诸如管理的层级问题、管理者的角色等问题。

例如，“罗马战车”项目首先将选的一名或两名学生（上层领导）和其他学生（基层员工）分开，再由一名学生作为中间人（中层领导），将上层领导的构思和想法传达给员工。不同层级的学生在完成同一项目时会有不同的工作重点，各自也将担负不同的职责。上层领导负责全局的发展与制订长期决策；中层领导负责执行与实施决策，同时起到桥梁与纽带的作用，做好上传下达的工作；基层员工则需要积极主动、努力而有成效地完成具体的工作。此外，拓展教师和学生一起通过执行、计划组织、领导、控制等管理职能，认识和理解合作、沟通、冲突与谈判等以实现拓展的预期效果。

（六）组织行为学理论

组织行为学是心理素质拓展训练理论体系的一个重要支柱。尤其是在分享回顾与心智提升环节上，对于个人挑战项目中关于个性分析、知觉与个体决策的联系、最优化决策模型以及价值观的分析、个体的激励等都经常运用组织行为学的理论知识点。

对于参训团队或班级来说，在准备参与拓展训练时，拓展教师一定会对参训团队或班级的组织结构进行调研和分析。因为拓展训练的活动从某种意义上讲，与他们现有的内部组织结构有关。也就是说，除了个体和群体因素之外，学生所属组织的结构关系对学生的态度和行为具有重要影响。组织结构有助于减少不确定性，明确工作内容，澄清学生所关心的问题，解决他们所提出的问题。也正是这类问题对学生的态度产生影响，并激励他们提高学习和工作绩效。

二、心理素质拓展课程的学习方式——体验式学习

（一）体验式学习的概念

心理素质拓展课程的主要学习方式是“体验式学习”（Experiential training）。所谓体验式学习，就是通过个人在活动中的充分参与来获得个人的体验，然后在培训教师的指导下，团队成员共同交流、分享个人体验并提升认识的学习方式。总而言之，凡是以活动开始的及先行后知的，都可以算是“体验式学习”。

相对于其他培训和学习方式而言，体验式学习（从学员和受训者的角度看到的就是体验式学习）具有寓教于乐和效果持久两大优势，且满足了当前时代完善人格、提高素质和回归自然的需要，因而它成为当前各级各类教育培训的新时尚，还被冠以“成人演绎的寓言”之名。体验式学习能够让大家体验到：一是团队的力量大于个人力量之和，并且成功必须同时属于团队的每一个成员。团队的力量是巨大的，有很多事情必须同时属于团队的每一个成员，有很多事情必须靠团队里每一个成员相互协作、共同努力才能完成。二是真切体会了“人的潜力是深不可测的”这样一个道理，当你完成了原先想都不敢想的任务时，潜力因此而挖掘。

体验式学习由既独立又密切关联的五个环节组成，有学者将其称为“体验式学习圈”，即“体验—分享—交流—整合—应用”循环往复的拓展模型。

● 体验

此乃过程的开端。参加者投入一项活动并以观察、表达和行动的形式进行。这种初始的体验是整个过程的基础。

● 分享

有了体验以后，很重要的就是参加者要与其他体验过或观察过相同活动的人，分享他们的感觉和观察结果。

● 交流

分享个人的感受，只是第一步，交流的关键部分则是把这些分享的东西结合起来，与其他参加者探讨、交流以及反映自己的内在生活模式。

● 整合

按照逻辑的程序，下一步是要从经历中总结出原则或归纳提取出精华，并用某种方式去整合，以帮助参加者进一步定义和认清体验中得到的成果。

● 应用

最后一步是策划如何将这些体验应用在工作及生活中。而应用本身也是一种体验，有了新的体验，循环就开始了。因此，参加者就可以不断地取得进步。

（二）体验式学习的学习要求

● 综合活动性

心理素质拓展训练的所有项目都以体能活动为引导，引发出认知活动、情感活动、意志活动和交往活动，有明确的操作过程，要求学生全身心地投入。

● 挑战极限

心理素质拓展训练的项目都具有一定的难度，表现在心理考验上，需要学生向自己的能力极限挑战，跨越“极限”。

● 集体中的个性

心理素质拓展训练实行分组活动，强调集体合作，力图使每一名学生竭尽全力为集体争取荣誉，同时从集体中吸取巨大的力量和信心，在集体中显示个性。

● 高峰体验

在克服困难、顺利完成课程要求以后，学生能够体会到发自内心的胜利感和自豪感，获得人生难得的高峰体验。

● 自我教育

教师只是在课前把课程的内容、目的、要求以及必要的安全注意事项向学生讲清楚，活动中一般不进行讲述，也不参与讨论，充分尊重学生的主体地位和主观能动性。即使在课后的总结中，教师只是点到为止，主要让学生自己来讲，达到了自我教育的目的。

（三）体验式学习的学习特色

● 学生是主角

这一点应当说是与通常的培训有比较大的不同，在培训的整个过程中，学生一直是活动的中心，他们通过自己身体力行的活动来感受，并从中悟出道理。教师的讲解都是基于所有学生回顾的基础上展开的，而不是单向的阐述。这样的学习方式充分保证了学生的投入程度。

● 项目丰富多样

体验式学习可分为个人项目和团队项目两大类。个人项目本着心理挑战最大、体能冒险最小的原则设计，每项活动对学生的心理承受力都是一次极大的考验；团队项目以改善学生的合作意识和团队精神为目标，通过复杂而艰巨的活动项目，促进学生之间的相互信任、理解、默契和配合。

● 简单游戏蕴涵深刻道理

“背摔”“断桥”“天梯”“电网”……心理素质拓展训练所采用的活动看上去都非常简单，但绝大多数项目都是经过几十年心理学、管理学、团队科学等方面论证，能够使个人心理素质和团队质量得到提升，其科学性不言自明。

● 参加学生的情感距离被迅速拉近

参加心理素质拓展训练的学生通常被分成若干个小组，每个小组又通过教师的调动充分融合，加之活动本身都面临着挑战，都需要大家忘我的合作才能完成，这就如同在军营中形成的感情一样，学生之间的感情相较于通常情况下社会性的朋友关系会更亲近。

实践篇

SHI JIAN PIAN

第二章 心理素质拓展 破冰启航

项目一 破冰起航

人和人的交往，从相识开始。团体组建初期，心理素质拓展训练活动都较为轻松、活跃，以便打破同学间的相对陌生感，建立起相互的信任感，营造融洽和谐、积极温暖的氛围，初步形成团体凝聚力。这对团体内进行深入的交流分享，以及后续活动的顺利开展尤为重要。

项目目的

1. 激发学生的反应速度，活跃团体气氛。
2. 集中学生注意力，关注在此时此地。
3. 打破学生惯有的位置，体验不同位置的感觉。
4. 放松紧张的学习生活，加强学生的情感联结。

项目准备

1. 场地准备：空旷场地一块或者无桌椅教室一大间。
2. 活动材料：《阿水的故事》。
3. 活动时间：40分钟。
4. 提前告知学生穿适宜运动的宽松的衣服，不穿裙子、高跟鞋等。

项目流程

（一）大小风吹

1. 全体学生围圈站好。

2. 老师介绍活动规则。

（1）选出一名同学A站在圈中央：大家可以根据“明7和暗7”规则，即所有同学统一报数，凡是遇到7和7的倍数的数字，比如：7、14、17、27、28等，只能说“过”，不能报数。如果有同学报错，那么将被邀请出来站到圈中央。

（2）站在圈中央的同学A说：“起风了，风儿吹呀吹。”其他围圈的同学一起问：“什么风？”A同学说：“吹大风。”其他人一起问：“吹什么？”A同学说：“吹扎头发辫的同学。”所有扎头发辫的同学都要迅速跑起来，换到另外一个位置上站好。其他没有扎头发辫的同学，此时位置不变，主要任务是监督扎头发辫的同学有没有换位置，并且观察谁是最后一个换到新位置上的。

（3）如果站在圈中央的A同学说：“吹小风”“吹扎头发辫的同学”（对话模式同“吹大风”），所有扎头发辫的同学都不要动，没有扎头发辫的同学要迅速跑起来，换到另外一个位置上站好。扎头发辫的同学，主要任务是监督没有扎头发辫的同学是否迅速换位，谁是最后一个换位成功的。

（4）所有找到新位置的同学站好后，努力发现最后一个找到位置的人，让其站在圈中央，成为新的发布命令者。老师可以根据情况，让站在圈中央的同学进行有意义的自我介绍，或表演节目等。原则上第一个人可以简单介绍自己，后面陆续增加难度，由表演节目到过关大挑战。

3. 根据团体动力学原理，活动可以连续进行4～5轮。等团体氛围活跃了，就可以开始交流分享。

分享交流

1. 教师提问：“当自己站在圈中央和围圈时，感觉有什么不同吗？又是怎样的不同呢？”

分享交流要点：站在圈中央的时候，首先自己感到的是一种被全体同学盯着的、与众不同的焦虑；同时，我也会有一种掌控感，因为所有同学接下来的行为全都是由我来发号施令，我可以决定他们的行动。自己作为围圈同学时，身边有很多人做伴，心里感到很踏实；同时，也会有焦虑，因为不确定站在圈中央的人会发什么号、施什么令。

2. 教师提问：“作为最后一个人进入圈内，有怎样的感觉？当站在圈中央的时候，又有怎样的感觉呢？”

分享交流要点：当最后一个进入到圈内的时候，大多数人会有一种挫败感，觉得自己反应不够敏捷，行动不够迅速。当然也有人故意把位置让给别人，这时就给了自己一个机会，即在众多同学面前展示自己并享受发号施令的快乐。当站在圈中央的时候，短暂紧张过后，会发现自己成为“唯一”有好处，那就是可以发号施令了，而且占尽便利，因为自己已经事先瞄准好位置了。

3. 教师提问：“通过这个活动，你有怎样的感悟？”

分享交流要点：我们在做事情时，一定得注意力集中、思想集中、行动迅速，也就是不仅要有思想上的精心准备，更要有行动上的迅速实施，这样才能够把事情做好。

不论作为围圈的同学，还是站在圈中央，都会有不同程度的焦虑和安全，因此，任何事物都有两面性，有好的一面，也有不好的一面。看待事物的时候，我们可以多从一些积极的视角去思考，少一些消极思维，这样才会增强自己的幸福感，全身心地投入到每一项活动、每一件事情中。

注意事项

1. 无论是“小风吹”还是“大风吹”，以及吹什么特征，全部由站在圈中央的同学自己随机决定，可以是连着吹几次大风再吹小风，也可以是连着吹小风再吹大风，这样可以使所有同学都保持注意力的高度集中。

2. 站在圈中央的同学在寻找共同特征时，这个特征至少要有两个人满足，而且是可以看到的或非常确定准确的信息。比如，说“吹戴眼镜的同学”，大家都可以看得到。如果说“吹有男朋友的”，当事人或不明确，或已分手，都不太好确定，这样的信息最好不要说。

3. 站在圈中央的同学，每次选择的特征要尽可能不同，尽量多寻找所有同学之间的共同之处，增强同学们之间彼此的活跃程度与认同感。

（二）抓手指

1. 全体学生围圈站好，相邻同学左右相隔一臂的距离。

2. 老师介绍活动规则。

（1）老师先指导学生伸出左手，大拇指向上竖起呈“你真棒”的姿势，然后指向自己，大声对自己说：“你真棒！”重复两到三遍。

（2）从班级的某一学生开始，老师指导这个学生将竖起大拇指的左手指向左边的同学，同时对对方说：“你真棒！”被夸的同学说：“谢谢你！”然后，被夸的同学再转向他左边的同学，重复前面的内容。就这样一个传一个，一直传到最后一位同学为止。消除同学们之间的紧张感，放松心情，活跃团体气氛。

（3）观察团体气氛。当老师感觉学生彼此之间已经放松，团体气氛比较热烈之后，再引导学生将左手保持大拇指朝上的姿势打开给左侧的同学，右手手心向下，放在右侧同学的左手大拇指上，全体学生手连手围成一个大圈，老师站在圈中央。

（4）老师讲解活动说明。

大家好！我们下面要进行一个活动，这个活动的名字是——“抓手指”。就是用你们的右手去抓你右侧人的左手大拇指，而右侧的人要赶紧躲开，不要被抓到。

好，我们来练习一下（学生练习右手抓、左手逃）。

另外，什么时候抓呢？当我的话中出现了“水”字的时候，你们的手就要活动起来。要注意，是喝水的“水”，而不是“谁”，也不是“睡”等。我说清楚了吗？好，我们先练习一段。“我口渴了，想喝水。”（“抓”与“逃”）非常好！老师现时对全体同学进行鼓励。

（5）当每次有“水”字出现后，大家都要“抓”与“逃”。凡是被抓的学生都要出列，站在大圈中央，组成一个内圈，与外圈一起跟着故事继续进行“抓”与“逃”。如果内圈的同学既没有被别人抓到，又抓住了别人的话，那么他就回到外面的大圈。依此进行。

（6）等故事讲完后，如果你还站在内圈，那么请这些同学给我们表演节目，或者回答一个大家提出的问题。

3. 正式进行活动。

老师讲一段故事，故事中要有“水”字，如《阿水的故事》。

从前有座山，山下有一个小村庄，村子里有个小伙子，名字叫阿呆，他养了一条小狗叫阿水。阿呆每天早上都会提着两个大水桶，去村子的小河边抓鱼，抓鱼后就会挑着两桶水回家。阿呆每天心情都很愉快，回家路上，野花点点，青草幽幽，一派大自然美景，和谐的田园风光，他的那只小狗也在他身边溜来蹿去。“阿水乖，慢点跑，别捣乱！”阿呆经常笑着说。回家后，阿呆把水倒进家中的水缸里，正好满满一缸，不多不少。然后开始给小狗喂食，“阿呆喂你吃骨头，要吃么？骨头可好吃了！”阿呆对着小狗说，“阿水啊，要吃你就说啊，你不说我怎么知道你要吃呢？虽然你很有诚意地看着我，可是还是要说啊，不可能你说了我不给你吃的。”看着小狗围着骨头急得直打转，阿呆就会很高兴地笑，再把骨头丢给可怜的小阿水。阿水啃着骨头，阿呆就开始了一天的辛勤劳作。狗是非常有灵性的，看见阿呆累了就给他衔去毛巾，让他擦汗；阿呆渴了，只需一招手，阿水就会摇头晃脑地给他衔去水壶。他们就这样快快乐乐地生活在这个有山有水、风景如画的小山村里，怡然自得。

分享交流

1. 教师提问：当自己对自己说“你真棒”的时候，你的感觉是怎样的？当别人对你说“你真棒”的时候，又是怎样的感觉？

分享交流要点：也许平时我们习惯了自己，也习惯了身边的人，已经逐渐忘记了我们自己有多棒，身边的人有多棒。当我们对自己竖起大拇指，关注自己的时候，我们可以感受到自己内在的力量，那股力量使得我们精神焕发、神采奕奕。当我们关注他人，对他人竖起大拇指并大声赞美时，我们会感受自己的力量，也会令他人感到力量。这种力量会让我们的心靠得更近。这股力量就是心理学上所说的暗示的力量。

2. 教师提问：当故事讲完后，你站在什么位置？外圈还是内圈？站在不同的位置有怎样不同的感觉？

分享交流要点：当站在外圈时，还是挺紧张的，生怕被抓到，所以就用心地听故事，手指飞速地逃。当站在内圈的时候，心里更有压力，就想着说啥也得跑到外圈去，不能让自己在圈内留到最后，所以就拼命地抓，希望自己可以“抓”出包围圈。还好，机会只属于那些时刻准备好的人，我出来啦。

3. 教师提问：当故事讲到中间时，我明明说的是“阿呆”，不该逃跑啊，可为什么还会有不遵守规则的学生在呈现“手指逃跑”的行为？

分享交流要点：虽然我们注意力高度集中，非常认真地听故事，但是仍然会有惯性思维存在，一听到“阿”，就恐怕会出现“水”，一方面是大家全身心投入的表现，更重要的是，在这里惯性思维让我们变得没有遵守规则。可是生活里，规则往往却是对我们最大的保护。所以我还想说，生活中要打破惯性思维，不要让惯性思维左右我们的思想。

注意事项

1. 老师要提醒所有学生听故事的时候要保持安静。
2. 任何同学都要把手放在规定的位置。
3. 抓同学手指时只要抓住就可以，不要太过于用力。
4. 每次“抓”与“逃”之后，教师会喊“预备”，每当喊“预备”的时候，所有人要呈现右手手心朝下放在右侧同学的大拇指上面。请大家相互督促自己的左右手及左右手边的同学。

5. 老师在讲故事时，要绘声绘色，并配以相应的动作，语调要抑扬顿挫，以吸引所有学生的注意。

6. 在邀请被抓到的学生上前时，一定要注意用语，不要让学生感到自己是被罚的，觉得自己反应慢而自卑，从而引起负面情绪，影响后续活动。

7. 老师可以改编故事，也可以改变“抓手指”的字，可以是任意的某个字，也可以是任何故事。在邀请被抓到的人时，也可以变换题目，只要目的是促进他们的情感联结就好。

拓展延伸

有一头驴和一匹马，在主人的安排下，各自背着一大包盐，沿着山路走着。太阳像一团火球，驴和马背着盐包整整走了一天。

驴太累了就对马说：“我想把背上的盐分一些给你背，我实在走不动了，恐怕就要撑不住了，能不能将我的货物分你一点，这对你来说不算什么，帮我分担点重量。”马摇摇头说：“我也背不动了，我们的主人很明白，你我各有多少重量好背。”

那头可怜的驴不再说什么，咬着牙继续艰难地走着。可它还没有走上山顶，就倒在地上死了。主人走上前去，把驴背上的大盐包卸下来，放在了马背上。马只得背着两个大盐包，艰难地赶着没有走完的路程，它一步比一步吃力，后背好像要折断一般……

无论你是学校的学生，还是企事业单位的员工，每个人都是团队中的一分子。只有团队中的每位同学都提高自己的团队意识，齐心协力，贡献自己的智慧，发扬团队精神，才能促使目标的实现。否则，劳力劳心却徒劳无功、身心俱疲。

项目二　团队建设

每个人从出生就生活在团体中。如果团体中人与人关系融洽，成员就能获得积极的情绪体验，团体氛围也会非常和谐。这样的团体不仅有利于强化成员的参与动机，增强协作能力，达成团队精神，团体本身也还具有很强的凝聚力与号召力，甚至对每个人毕生的成长和发展都具有重要作用。

项目目的

1. 让学生进一步体验团体合作的重要意义。
2. 发展学生的计划、组织、协调能力。

3. 增强团体同学间的相互信任和理解。

4. 培养学生团结一致、愉快合作、克服困难的团队精神。

项目准备

1. 活动场地：空地一块。

2. 活动材料：无。

3. 活动时间：100分钟。

项目流程

（一）团体分组

1. 全体同学围圈站在一起，1、2、3循环报数。

2. 原地不动，报数1、2、3的三个人组成一组。其中，报数1和2的学生为“大树”，面向对方伸出双手搭成一个“树洞”；报数3的学生为“松鼠”，蹲在由1和2搭成的“树洞”内；老师或其他没成对的学生担任自由角色。如果是最后一组找到伙伴或者没有找到伙伴的，都要被邀请到圈中央，表演节目，直到大家开心地鼓掌通过为止。

3. 分组过程

（1）当老师喊“猎人来了”时，“大树”不动，“松鼠”要离开原来的大树，重新选择其他的大树；老师或其他自由角色同学也成为“自由松鼠”趁机寻找“树洞”，最后没有“树洞”的“松鼠”表演节目。

（2）当老师喊“台风来了”时，“松鼠”不动，“大树”要离开原先的同伴，重新与一棵新的“大树”组合，并圈住某个新的“松鼠”，老师或其他自由角色同学成为“自由大树”，最后没有形成“大树”的人表演节目。

（3）当老师喊“地震来了”时，“大树”和“松鼠”全部打散，都要离开原来的同伴，重新组合成新的一组。新组合中不能有任何打散前的同学。老师或其他自由角色同学可以为“自由大树”，也可以为“自由松鼠”，最后落单的人表演节目。

（4）在经历以上环节六轮左右后，老师喊“停”，此时此刻让学生们看一看，自己目前和谁一组。成组的三人之间相互自我介绍，介绍内容一定要包括自己的三个优点，之后拥抱、击掌。

（5）三人一组练习完成后，就近两组或三组进行组合，形成6～9人一组的小组。这需要根据团体里学生的现时人数灵活掌握。

分享交流

1. 教师提问：当你发现自己是最后一组找到伙伴或找不到伙伴时，你是怎样的心情？

分享交流要点：当发现自己是最后一组找到伙伴或找不到伙伴时，内心突然感到很失落。每个人内心都渴望自己有归属，当发现所有人都在某个圈内，而自己却孤身一人时，内心感到非常不踏实，甚至是翻江倒海、五味俱全。

2. 教师提问：你认为是什么原因导致你最后一组找到伙伴或找不到伙伴的？

分享交流要点：有的同学是为了成全他人牺牲自己，让他人有所归属，而自己承受孤单的痛苦；有的同学是因为自己在人际交往中被动，导致了自己的落后；有的同学是因为其他同学过于主动，把自己身边的伙伴给抢走了，落下自己孤单一人或最后一组找到伙伴。无论是哪种原因，都可以让同学们对自己加深了解，也可以了解其他同学的交往风格，并虔心学习别人的长处。

注意事项

1. 老师要提前把上课学生的准确人数弄清楚，以便确定规则是“最后一组找到伙伴的同学被邀请”，还是“找不到伙伴的同学被邀请”。

2. 为了确定每位同学带着自己规定的1、2、3角色活动，可以在报数前，让全体学生规定一个大家都认可的班里有1/3同学所具有的特征作为“3”，即当小松鼠，其他的1和2自然就确定了。

（二）组建团队

1. 根据以上分组，给每个小组布置以下6个任务。

（1）编组歌；（2）取组名；（3）喊口号；（4）选组长；（5）造组型；（6）创意展演，即把以上所有元素有创造性地展示出来，包括创意性地出场、退场等。

2. 时间安排：20～30分钟准备，每组3分钟以内的展演时间。

3. 其他组组长负责轮流拍照、录像等，留下大学课堂里的最美瞬间。

分享交流

1. 教师提问：大家在完成任务的过程中有何感受？

分享交流要点：每个任务的完成过程，都是一个团体共同完成任务的过程，需要每个人全身心投入自己的热情，贡献自己的想法，并与他人交流合作来达到共同的目标。整个过程给大多数人带来的是愉悦体验。这是因为，每一位同学都在为团体的一个共同目标——成功展演在努力、沟通和商议，以及奉献自己的力量等。在互动中增进了同学们彼此的了解。当大家处于相互沟通和了解的过程中，感受到的是一种美好的心理体验。

2. 教师提问：活动中令你印象最深刻的是哪部分？为什么？

分享交流要点：在团队共同完成任务的过程中，每个人都是这个团体的一部分，人人平等，一个也不能少。其实，每个环节每个人展现的不仅是智力的投入，更是心的投入。每个人印象最深的部分，也是自己最为用心的部分。因为用心，不但能在其中贡献力量，更能在其中获得丰富和积极的感受，这就是我们内心的良性循环。

每个人印象深刻的部分不尽相同，这些印象深刻的地方往往是情绪和情感体验最强烈之处。人最早期和最深刻的记忆都是情绪和情感的记忆。美好的记忆会成为生命中的养分，让心灵得到呵护和成长，所以，接纳是生命过程中必不可少的部分。

3. 教师提问：成功完成这次课程任务后，有什么样的感受？

分享交流要点：随着合作次数的增多，大家的参与越来越积极，越来越投入，心劲也越来越齐。在整个活动过程中，大家都忽略了性别、年龄、力量等因素，全组一条心，创造性地发挥了全组智慧，共同克服了困难，解决了共同面临的问题，也让大家充分体会了一个人的力量是有限的，团队的智慧才是无穷的。即深刻体会到了团队合作的力量。

4. 教师提问：联系现实的学习、生活和工作，你又有些怎样的领悟？

分享交流要点：在我们的学习与生活中亦是如此，当我们没有了人际的揣测、得失的计较，而是用心、投入地做事时，无论能否出色地完成，过程本身就是一种宝贵的财富，身心也将收获积极的体验与感受，乐在其中，何乐而不为呢？

在所有任务中，都须要有一个组织者，协调人力资源，聆听每位同学的意见，采用最佳方案，并把每个同学应该做的事给予合理分配。我们每个人都来自于不同的团体，更是团体中不可或缺的一份子，相信大家在以后的活动中会有更好支持与配合；相信只要每位同学在团体里都能做好自己，团体就会有无尽的动力，哪怕遇到任何阻碍，都会想办法解决。所以，要相信自己、相信团体，团结就是力量。

注意事项

1. 老师在各组完成任务的过程中要不断巡视，进行必要的鼓励和催化。如果小组同学投入度不高，或者在执行任务时几次尝试失败，老师可以考虑自己参与到这一个小组中进行引导，鼓励同学进行再次尝试，以增强同学对自己、对团体的信心。

2. 在组建团队活动的环节中，老师在布置任务时需要提示学生，组名和口号要有积极意义，不能涉及政治内容；组歌的创作可以通过对一些简单的、耳熟能详的歌曲进行歌词改编来实现，歌曲和歌词要能体现小组积极向上的精神风貌。

3. 在所有执行任务的环节，每个组完成的时间有时会不同，有时小组完成任务出现困难，可以适当延长一点时间，让大家准备充分。老师要不断观察，协调各组进度。

拓展延伸

有个人来到天堂，上帝允许他到地狱去看看，比较一下地狱和天堂的区别。到地狱后，他发现地狱的人都围着一口大锅坐着，锅里正煮着肉，每人手里都有一双一米长的筷子，由于筷子太长而不能把肉夹到自己的嘴里，所以每个人都饿得面黄肌瘦。

这个人带着惋惜的心情，又来到了天堂。在这里他也看到了与地狱完全一样的情境，然而不同的是，天堂里的人们经过商量，每个人都把锅里的肉夹到对面的人的嘴里，这样每个人都开心地吃到了肉。

地狱和天堂都不是现实的，但它们在这里却代表了两种截然不同的生活，在我们的学习、生活与工作中，懂得互助合作才能打开“天堂”之门，获得美好生活。相反，不懂得合作，只顾一个人唱着自己的独角戏，只能过着充满窘迫、抑郁乃至满满不幸福的生活。

项目三　沟通交流

只要有人的地方就需要沟通。沟通是人的一种基本生活能力，也是人际交往的核心因素。在一个班集体中，尽管每个人都是一个独立的个体，也会有诸多的不同，但君子和而不同，只要同学之间沟通良好，就能求同存异，解开人际交往中的“千千结”，让生活充满快乐和幸福。

项目目的

1. 让学生体验到人际交往中沟通、交流的重要性。
2. 训练学生寻找与人交流的切入点，并与对方建立起情感联结。
3. 帮助学生树立解决人际冲突的积极心态，培养团队合作精神。

项目准备

1. 场地准备：可活动桌椅的教室一间，或空旷场地一块。
2. 材料准备：无。
3. 活动时间：100分钟。

项目流程

（一）生日线

1. 请所有学生在不出声的情况下，利用动作和肢体语言按照生日的大小依次进行排队。具体要求：

（1）以老师的左手为起点，生日最小的同学站在老师的左边，以老师的右手为终点，生日最大的同学站在老师的右边。

（2）生日统一按照阳历或阴历（现场与学生协商后，再定下用阴历或阳历）确定，整个过程不可以说话。当老师询问时，认为自己调整好了的学生可以举起手示意，但仍不可以说话。只有当所有人都举手之后才可以开始说话。一旦开始说话，位置就不能调整了。

（3）大家要确保自己的位置没有站错，否则自己后面的一位同学将会被邀请表演节目。

2. 从生日最小的开始，请大家依次报出自己的姓名和生日，如果某一个人站错了位置，那么他“后面的一位同学”就要被邀请了。如果是一连串的同学都错了，所谓“牵一发而动全身”，那么就让他们中间选一个代表到圈中央接受邀请或者奖励。

3. 找出生日离今天最近的一位同学，请他到圆圈中间，全班同学为他唱一首生日歌。然后，大家可以“缩小包围圈”，向前依次迈三步，最后一齐给他（她）一个拥抱。具体操作如下：

（1）让所有学生紧密地围成一圈，包括老师自己。

（2）让每位同学都把自己的胳膊搭在相邻同学的肩膀上。

（3）告诉学生我们将要面临一项非常艰巨的任务。这项任务是所有学生要一起向着圆心迈三大步，同时要保持大家已经围好的圆圈不被破坏。

（4）等所有学生都搞清楚了活动要求之后，让大家一起开始迈第一步。迈完第一步后，给大家一些鼓励和表扬。

（5）现在开始迈第二步，第二步迈完之后，你可能就不必挖空心思去想那些表扬与鼓励的词语了，因为目前的处境已经使大家忍俊不禁了。

（6）迈第三步，其结果可能是圆圈断开、很多同学摔倒在地（尤其要注意安全，不要有任何同学摔疼摔伤）。

尽管很难成功地完成任务，但是这项活动会使大家开怀大笑，烦恼尽消。

分享交流

1. 教师提问：你是如何准确找到自己的位置的？这让你感受到了什么？

分享交流要点：我是通过前面同学后背上写的字或者手势比划，准确找到自己的位置的。其实，尽管如此，还是很想用语言表达出来的，整个过程不让说话，感觉都挺憋的，甚至险些憋不住气，想说话甚至是想笑，可是还是坚持了下来。这让我深刻领悟了语言沟通的重要性。

2. 教师提问：因为你站错了，你后面的同学被邀请表演节目了，你有什么感受？

分享交流要点：当因为自己站错，同学被邀请到圈中央表演节目，我内心还是有些自责的，哪怕是因为我做错事了，“惩罚”我自己都没有关系，但不要牵连其他无辜的同学。我想对替我“受罚”的同学说声“对不起！谢谢你！”这个活动还让我想到了在平时的学习与生活中，没能时常与同学交流沟通，不能明白同学内心所思所想。所以在今天的活动中，当同学有手势比划等非言语信号出现时，我不能因理解而出错。

在以后的生活中，我会加强与同学的沟通交流，希望能够达到心有灵犀，哪怕是眼神我也能理解，这才不枉为同学。

3. 教师提问：在今天这样的场合，当全体同学（提前）为你送上生日祝福，你的感受如何？

分享交流要点：当所有同学都为我送上生日祝福时，我内心特别地感动。但让我没想到的是，我竟然会感动得流下眼泪。觉得这是我长这么大以来，最有意义也是最难忘的生日，谢谢大家！感谢在我的生命里遇见你们！接下来我会珍惜与大家相处的每一天！当然，我也非常感谢老师，是您让我拥有了今天的感动与感悟，谢谢您！

活动都需要我们全身心地投入，既为自己，也为身边的人。大家好比都是年纪一般大、生长在一起的小花小草，你们大学几年都要在一起朝夕相处地学习和生活，你们要同心同德、相互支持，幸福地成长在大学校园这片肥沃的土地上。

注意事项

1. 在迈第三步的时候尤其要注意，不要让任何学生摔疼摔伤。
2. 如果参加人数较多的话，比如多于50人，应分组活动，这样效果会更好一些。

（二）解开千千结

1. 全体学生手拉手围成一个圈，要求记住与自己左右拉手的同学，强调一定要记住左边是谁、右边是谁，不要把左右手的人员给弄混了。

2. 请所有同学闭上眼睛（停顿一会儿，让学生适应黑暗），放开左右手，原地转360°，然后随着老师的口令（向前走3步，向后退1步，向左走2步，向右走4步等）缓缓地随意移动。

3. 所有学生随意走动1分钟左右，当老师喊“停”时，所有学生要站在停止时的位置，慢慢地睁开眼睛，寻找自己开始时的左右拉手的同学，并重新将手连在一起（如果距离太远，要保持一只脚原地不动，另外一只脚可以适当抬起来）。这时会形成一个错综复杂的“结”，要求大家在不松手的情况下想办法恢复成最初的圆圈。

分享交流

1. 教师提问：请问大家的“结”是怎么形成的？

分享交流要点：尽管人们都喜欢和谐，但人与人之间难免会发生冲突与矛盾，人际之“结”常常是在大家追求自我、很随性、很不经意的情况下形成的。

2. 教师提问：开始让大家解“结”时，各位同学是什么感觉？

分享交流要点：人际纠结会让人感到困扰和不舒服，也很耗费个人的精力。在刚开始面对“结”的时候，常常会觉得无从下手。

3. 教师提问：大家是如何解开这个“结”的？

分享交流要点：在解“结”的过程中，我们既需要互相沟通和交流，也需要齐心协力。只有每个人都参与，才有可能打开“结”。在解“结”的过程中，有的人坚信能够打开，而有的人则抱着半信半疑态度。持坚信态度的同学往往是解“结”的中坚力量，他们能够积极参与，并常常能在别人灰心丧气的时候鼓励大家继续想办法。而抱着半信半疑态度的人很容易在遇到困难的时候选择放弃。

处在“结”中的同学往往看不清问题的所在，“不识庐山真面目，只缘身在此山中”，而离“结”较远的同学则相对能够看得更清楚些，所以，当遇到“结”时也可以请其他组的同学或老师帮助解决。

4. 教师提问：当解开“结”时，大家的感觉是什么？

分享交流要点：当“结”被打开后，大家都会有一种兴奋和放松的感觉。尤其是越难解的“结”，经过大家努力被解开后却最开心、最欢欣鼓舞；而处在“结”当中的同学对活动的印象最深刻，收获更多，同学之间的关系也会更紧密。这说明，有了“结”并不可怕，只要大家勇于面对，积极想办法，全力参与解决，就会把“结”打开，并能促进同学之间关系更亲近。

5. 教师提问：当“结”实在解不开的时候，你们是怎么做的？

分享交流要点：对于某些“结”，有的时候只有放下，才能打开。正如现实中因为过去的恩怨而耿耿于怀的“结”，只有学会原谅并放下过去的包袱，才有可能解开现在的“结”，继而走向一片和谐。

注意事项

1. 当学生闭着眼睛随意走的时候，老师要在四周巡视，保护大家的安全，防止有学生碰到墙壁或走得太远。

2. 当大家停下来睁开眼睛后，如果有的同学相隔太远，允许他们一只脚往近处移动，但是另一只脚保持不动，当然也不能跨越别人。

3. 在同学解“结”的时候，老师要注意自己的言行，尽量不去参与其中。因为老师作为团体中的权威，对团体会有很大影响。

4. 当“结”实在打不开的时候，告诉学生有时候选择放开也是一种解决办法，但只能放开一个“关键结”，随后应继续按照规则解“结”，以帮助学生有更深刻的领悟。

5. 老师要注意观察学生的不同表现。对于过于消极的小组，老师可以给予鼓励、支持，让大家体验积极协作给团体带来的感觉。

6. 在人数上，可多可少，但最好不要少于10人，那样会使活动变得过于简单，缺乏挑战性和趣味性。对人数较多的大团体，可以先分组分别解“结”，也可以同时进行，开展解“结”比赛，之后再把小组合并成一个大组，完成同样的活动，让大家体会当人数增加后打开“结”的难度。

拓展延伸

狮子和老虎之间爆发了一场激烈的战争，最后两败俱伤，狮子快要断气的时候对老虎说："如果不是你非要抢我的地盘，我们也不会弄成现在这样！"老虎吃惊地说："我从未想过要抢你的地盘，我一直以为是你要侵略我！"

相互沟通是维系团队的一个关键要素，有什么话不要憋在肚子里，多多与人沟通交流，不仅让别人了解自己，我们也可以多理解别人，进而避免许多无谓的误会和矛盾。

项目四　团队合作

"一根筷子容易弯，十根筷子折不断。"团队合作对任何一个组织来讲都是不可或缺的精髓，它往往能激发出团体不可思议的潜力。每个人也只有将自己融入集体，才能充分发挥个人的巨大作用。正所谓"同心山成玉，协力土变金"。

项目目的

1. 增强团队协作能力与集体荣誉感。
2. 提升团队成员敢于直面挫败的勇气。
3. 让团队成员意识到团队任务的计划、执行、建议、改善的连接性和重要性。

项目准备

1. 材料准备：珠行万里教具若干套。
2. 场地要求：空旷场地一块。
3. 活动时间：100分钟。

项目流程

（一）快乐向前冲

1. 分组：6 ~ 10人一组（人多可以多分成几个小组），小组成员手拉手围圈，面向圆心站立。

2. 从一人开始，顺时针方向，跟相邻伙伴用相邻的手进行"石头、剪刀、布"游戏，同时说"嘿呀嘿呀"。

3. 输的一方和另外相邻的伙伴用相邻的手进行同样的动作和声音。

4. 如果两人手势相同，则扭动腰部，发出“哎呀哎呀”的声音。

5. 如果错了，就蹲下，观战不参与，等待下一位错了再起立。

注意：该项目中何谓错？动作不对，声音不对。可以根据不同的团队改变声音和动作。

分享交流

1. 请问你在这个过程中开心吗？为什么？
2. 最开心的时刻是哪一刻？为什么？
3. 在生活中曾经有这样的情景吗？为什么？
4. 你认为这个活动训练了你的什么能力？为什么？

注意事项

1. 假如班级人数较多，一定要先围圈讲清楚规则，确保每个学生都能看到你或者听到你所说的规则，等大家都明确规则后再进行分组。
2. 老师在整个活动过程中只进行巡检，不给任何小组任一学生给予指导。
3. 在进行动作和声音的比对过程中，要从慢到快，逐级加速。

（二）珠行万里

1. 分组：10 ~ 14 人一组。
2. 每一组学生站成一排，并给每人分发一根引导槽。
3. 队伍的一端作为起点，距离队伍另外一端十余米的地方作为终点。在终点处站一位小组成员，手里拿一个空杯子。
4. 一位小组成员在起点的引导槽里放置一颗“珠子”（棒球、“珠子”之类的都可以），然后该组队员使用引导槽将“珠子”有序传递给紧邻自己的下一位队员。
5. 最后一位小组成员将“珠子”传递到站在终点处的同学手里的杯子里，即为成功。

注意：该项目可以不断挑战，刷新珠行万里传递成功所需要的最短时间，也可以挑战一段时间内传递成功的次数。

分享交流

1. 每一位成员对整个团队的影响都是非常大的。
2. 团队协作的质量决定了团队的成绩。
3. 竞争对手就是自己的竞争队友，要感谢他们给予自己的压力和动力。
4. 请感受一下练习和比赛时的不同心态。
5. 思考形式和架构对于组织绩效的重要性。

6. 在挑战最快速度的时候，我们整队人将引导槽对接到一起，从高到低导向终点。该团队项目在传递中可能会有人多次连续出错，请大家给予鼓励加油，而不是相互埋怨。

注意事项

1. 每一位小组成员手里只能拿一个引导槽，不可以一人拿多个引导槽。
2. “珠子”须以接力的方式传递，不可以用引导槽端着球跑动。
3. “珠子”在引导槽中只能向终点方向滚动，不可以逆向滚动。
4. “珠子”在向前滚动时，不可以用其他物体将其拦住，导致“珠子”暂停。
5. 在用引导槽传递“珠子”的过程中，手不能碰到“珠子”。
6. “珠子”在向前滚动时，如果跑出管道掉到地面上，请从起点重新开始。
7. 终点的杯子位置不可移动，小组成员不可以因为方向偏移，去移动杯子的位置。

违反以上任意一项，整个小组成员要回到队伍起点重新再来。

拓展延伸

每年的九月至十一月，加拿大境内的大雁都要成群结队地往南飞行，到美国东海岸过冬。大雁的飞行速度很快，每小时能飞68～90公里，几千公里的漫长旅途得飞上一两个月。第二年的春天再飞回原地繁殖。在长达万里的航程中，他们要遭遇猎人的枪口，历经狂风暴雨、电闪雷鸣及寒流与缺水的威胁，但每一年他们都能成功往返。雁群一字排开成“V”字型时，这比孤雁单飞提升了71%的飞行能量。当每只雁振翅高飞，也为后面的队友提供了向上之风，这种省力的飞行模式，让每支雁最大的节省能量。当某只雁偏高队伍时，它会立刻发现单独飞行的辛苦及阻力，就会立即飞回团队，善用前面伙伴提供的向上之风。

如果我们如大雁一般向着团队共同的目标前进，不仅接受他人的协助，也协助他人，彼此相互依存，分享团队的力量，无论在困境或顺境，再艰辛的路程也不惧怕遥远。

项目五　团队比拼

没有规则，不成方圆。一个团队仅有良好的愿望和高涨的热情是不够的，还需要有合理的分工与协作。通过团队群策群力共同完成活动任务，每一位团队成员的力量才能形成合力，让比拼走向胜利，让团队更加给力。

项目目的

1. 增强学生在团队合作中的灵活应变能力。
2. 提升学生的大局意识、团队精神一块。
3. 提升学生的协同力、执行力和领导力。

项目准备

1. 材料准备：团队七巧板、记分图、白板笔。
2. 场地要求：空旷场地一块。
3. 活动时间：100分钟。

项目流程

（一）一脚定乾坤

1. 用脚进行石头剪刀布。

2. 两脚分开比肩略宽表示“布”，两脚并拢表示“石头”，两脚前后表示“剪刀”。

3. 每一次以“石头剪刀布”开场：两人PK，输的一方站到赢的一方的右侧组成一个战队，进行下一轮PK。

4. 只能找人数基本均等的战队PK，如果小组内有不同的动作就判此队为输。

5.最后两大组进行三次两胜制PK。

分享交流

1.你还记得先赢了谁？你又输给了谁？

2. 以小组PK的方式进行时，如何更快地达成一致意见？

3. 当小组因为你出错的时候，你是什么样的心情？为什么？
4. 最后两大组PK要想赢，需要我们怎样做？

注意事项

1. 老师最好进行示范性讲解，并且要确定所有同学都已明白。
2. PK过程中老师应走动进行公平的指导和维持秩序。
3. PK过程中出现人数不均等时，老师要主动帮助协调。

（二）团队七巧板

1. 项目导入

一般来说，一个单位有几个部门？所有的部门是由哪个部门管理？今天我们模拟成7个部门，办公室来管理我们其他6个部门。报数1 ~ 7，报数为1的为第1组，报数为2的为第2组，以此类推，报数为7的为第7组。各部门的座位是，第7组在中心，其他6个组在正六边形的点上就坐。每个部门选出一位主管，主要为大家服务。再任命一位信息员和一名助理，其中助理主要负责和其他部门交流与资源的互动，比较辛苦。下面请我们把掌声送给每一组的助理。

2. 项目任务

团队一共有35块积木，每一组5块积木、一张图纸、一张任务书，每完成一个任务将会得到相应的积分，目标是在40分钟内，团队总积分达到1000分。

第一组任务：

（1）用五种颜色的积木分别组成图纸一至图纸六上的图案，每完成一个图案将得到10分。

（2）用同种颜色的积木组成图纸七上的图案，完成后将得到20分。

（3）用三种颜色的七块积木组成一个长方形（不含正方形），完成后将得到30分。

每完成一个图案后，请及时通知老师。待老师确认后，再登记分数。

第二组任务：

（1）用同种颜色的积木分别组成图纸一至图纸六上的图案，每完成一个图案将得到10分。

（2）用五种颜色的积木组成图纸七上的图案，完成后将得到20分。

（3）用三种颜色的七块积木组成一个长方形（不含正方形），完成后将得到30分。

每完成一个图案后，请及时通知老师。待老师确认后，再登记分数。

第三组任务：

（1）用五种颜色的积木分别组成图纸一至图纸六上的图案，每完成一个图案将得到10分。

（2）用同种颜色的积木组成图纸七上的图案，完成后将得到20分。

（3）用三种颜色的七块积木组成一个长方形（不含正方形），完成后将得到30分。

每完成一个图案后，请及时通知老师。待老师确认后，再登记分数。

第四组任务：

（1）用同种颜色的积木分别组成图纸一至图纸六上的图案，每完成一个图案将得到10分。

（2）用五种颜色的积木组成图纸七上的图案，完成后将得到20分。

（3）用三种颜色的七块积木组成一个长方形（不含正方形），完成后将得到30分。

每完成一个图案后，请及时通知老师。待老师确认后，再登记分数。

第五组任务：

（1）用五种颜色的积木分别组成图纸一至图纸六上的图案，每完成一个图案将得到10分。

（2）用同种颜色的积木组成图纸七上的图案，完成后将得到20分。

（3）用三种颜色的七块积木组成一个长方形（不含正方形），完成后将得到30分。

每完成一个图案后，请及时通知老师。待老师确认后，再登记分数。

第六组任务：

（1）用同种颜色的积木分别组成图纸一至图纸六上的图案，每完成一个图 案将得到10分。

（2）用五种颜色的积木组成图纸七上的图案，完成后将得到20分。

（3）用三种颜色的七块积木组成一个长方形（不含正方形），完成后将得到30分。

每完成一个图案后，请及时通知老师。待老师确认后，再登记分数。

第七组任务：

（1）领导所有团队在规定时间，达到1000分的目标。

（2）指挥其他各组，用所有的35块积木组成5个正方形，每个正方形必须由同种颜色的7块积木组成。每完成一个正方形，你组将得到20分，组成正方形的那个组将得到40分。

（3）支持其他各组，在规定时间内得到更多分数。

（4）其他各组总分的10%将作为你组的加分奖励。

	图一	图二	图三	图四	图五	图六	图七	图八	图九	总分
一组	10	10	10	10	10	10	20	30	40	150
二组	10	10	10	10	10	10	20	30	40	150
三组	10	10	10	10	10	10	20	30	40	150
四组	10	10	10	10	10	10	20	30	40	150
五组	10	10	10	10	10	10	20	30	40	150
六组	10	10	10	10	10	10	20	30		110
七组	860×10%=86								100	1046

3. 项目规则

（1）各部门不允许离开原地，主管可以开会，现场只有信息员可以走动。

（2）积木、图纸均可以传递，任务书不可以传递，严禁抛扔积木和图纸。

（3）完成一个任务后，请举手报告，待老师确认给分。

分享交流

1. 任务书不能传递，站在大局角度上，怎么解决各组任务有无雷同或规律？

2. 传递图纸效率高还是传递积木效率高？

3. 如果重新来做一遍，我们厘清怎样来操作？

4. 为什么别的小组有时候并不听从第7小组的管理？

5. 时间管理怎样体现？分值多的先来做？

6. 在小组内部，需要突破的瓶颈问题何时做？如何做？

7. 急于完成任务，没有认真读任务书，结果没有按照要求摆出来。

8. 发现别人的任务和自己的一样，就请求别人转移积木，但是没人理他。

9. 小组内部有没有规划？自己摆了几个图形了，完成几个任务了？有没有一个统一的计数与规划。

10. 第七组的从头到尾都很忙，也很辛苦，犹如服务员或者邮递员。思维固定、角色定位没有用“空杯心态”来面对。

注意事项

1. 图纸、积木和卡片先随机平均分好，让信息员有秩序进行领取并确认。

2. 把控记分的公平性，可以找学生志愿者做记分员。

3. 在过程中要注意安全，积木只能用手传递。

4. 座位安排成正六边形，前六组分布在六个顶点，第七组在中心，每组距离大致1.5米左右。

拓展延伸

英国科学家把一盘点燃的蚊香放进一个蚁巢。开始，巢中的蚂蚁惊恐万状，约20秒钟后，许多蚂蚁见难而上，纷纷向火冲去，并喷射出蚁酸。可一只蚂蚁喷射的蚁酸量毕竟有限。因此，一些勇士葬身火海。但它们前仆后继，不到一分钟，终于将火扑灭。存活者立即将战友的尸体移送到附近的一块墓地，盖上一层薄土，以示安葬。

一个月后，这位动物学家又把一支点燃的蜡烛放到原来的那个蚁巢进行观察。尽管这次火灾更大，但蚂蚁这次却有了经验，调兵遣将迅速，协同作战有条不紊。不到一分钟，烛火即被扑灭，而蚂蚁无一遇难。

科学家认为蚂蚁创造了灭火的奇迹。蚂蚁面临灭顶之灾的非凡表现，尤其令人震惊。在野火烧起的时候，为了逃生，众多蚂蚁迅速聚拢，抱成一团，然后像滚雪球样飞速滚动，逃离火海。那噼里啪啦的烧焦声，是最外层的蚂蚁用自己的躯体开拓求生之路时的呐喊，是奋不顾身、无怨无悔的呐喊。何尝不是我们人类学习的榜样？

项目六　自信训练

自信是迈向成功的力量源泉。通过心理素质拓展训练可以探究出提升自信的有效方法，增强学生的自信心，让他们学会欣赏和接纳自我，挖掘并发现自身优势，激发出无限的智慧和潜能，让每位学生都因为自信而变得自知、智明。

项目目的

1. 让学生学会欣赏自我、接纳自我，接受自己是一个独特的存在。
2. 让学生学会欣赏别人，发现别人身上的独特之处，促进相互肯定与接纳。
3. 激发所有学生共同努力找到提升自信的有效方法。

项目准备

1. 场地准备：空旷场地一块，或可活动桌椅的教室一间。
2. 材料准备：旧报纸或彩纸（保证每组一张即可）。
2. 活动时间：100分钟。

项目流程

（一）挖掘自我优势

1. 请每人尽可能多地罗列自己能做的事情。
2. 如果想不出来，就从“我能吃饭”“我能说话”“我能走路”写起，不少于20条。
3. 小组内循环交流分享，并从每组选取1～2个代表在大组内进行分享。

分享交流

1. 教师提问：当你罗列自己能做的事情的时候，有没有遇到一些心理上的阻碍？

分享交流要点：当罗列自己能做的事情时，往往不知道从何下手了。想想看，有时候是我们不习惯于这种思维方式，而且我们的文化和所接受的教育常常不鼓励我们去挖掘自己的优点。

2. 教师提问：认真阅读你所列出的内容，它们在内涵上是并列的还是逐步深入的？为什么？

分享交流要点：我发现有的学生列出的能做的事情很多，但大部分事情都在同一层次上，可能是还没能够静下心来自我观察，也可能是没有深入细致地思索。

3. 教师提问：重读一遍你所列的内容，感受一下自己的内心有没有什么变化？

分享交流要点：能够逐步深入并不断发现自我潜能的同学，是对自我具有清楚的认识、能够自我肯定和正向评价的人。他们常常具有积极的自我心象，乐观、自信和高效。在列出和反复诵读自己能够做到的事情后，感到强化了自己积极的自我心象，提升了自我效能感。

注意事项

1. 活动前，可用放松或集中注意力的活动让大家把注意力集中在内在自我的探索上，切忌只是把本活动当成游戏，以致活动只停留在热闹好玩的层面上。

2. 如果有学生迟迟不能下笔时，可给予多一点时间让他们思考，或许他们平时很少会静下心来认真思考此问题。若有的学生确实想不出来要写什么时，提醒他们从“我能吃饭”“我能说话”“我能走路”写起。

3. 学生在罗列自己能做的内容时，老师可自由走动观察他们所写的内容，及时引导他们对自我的探索逐步深入。如“我能说话”“我能讲笑话活跃气氛”“我能在学校演讲比赛中获得冠军”等。

（二）戴高帽

1. 分组，6 ~ 8人为一组（人数较多的话，也要每组控制在10人以内）。

2. 小组同学齐心协力用旧报纸或彩纸折一顶高帽子。

3. 请一位同学戴上高帽坐（站）在中央，其他同学认真观察坐（站）在中间的同学，认真感受他的优点和值得欣赏的地方，包括性格、相貌、学习、特长、为人处世等，并且小组所有同学都要轮流大声说出他的优点。说完一名同学，再换一名继续进行，确保组内每位同学都被戴过高帽。

分享交流

1. 教师提问：别人感受到的优点和值得欣赏之处哪些是自己以前觉察到的，哪些是自己没有觉察到的？

分享交流要点：别人所能感受到的优点和值得欣赏之处，有些是我们知道并能够展现出来的；还有些是我们自己知道却刻意不想展现出来的；最重要的是，有些是我们从来不自知却被别人感受到了的。

2. 教师提问：当听到称赞和欣赏之后，你有何感受？

分享交流要点：当听到自己被别人称赞和欣赏之后，我们都会感受到别人对我们是肯定、欣赏和接纳的，内心感到非常的快乐和轻松。大部分学生在听到别人的欣赏之后，都会照单全收。也有少数同学不太接纳别人某些方面的称赞和欣赏。另外，几乎没有同学对别人的赞美没有感觉，可能尽管会有些不太适应，但从表情上看，还是比较愉悦的。

3. 教师提问：对这个活动，你自己受到哪些启发？

分享交流要点：当自己知道并能够展现出来的特点被别人称赞和欣赏后，我们常常会有一种被接纳的喜悦；当我们展现出来自己不自知的特点，却被别人称赞和欣赏后，我们常有被肯定的意外欣喜；当我们自己知道并刻意不想展现的特点被别人依然感受到了，并得到别人的称赞和欣赏之后，我们常常会感到惊奇，因为自己刻意回避的特点常常是自己不满意的特点，别人的肯定和欣赏会给我们带来更多的反思。

注意事项

1. 折高帽由小组同学共同协作完成，对于帽子的样式或装饰，只要大家同意，小组达成共识就可以。

2. 组内所有同学都要用心观察坐（站）在中央的同学，认真体会对方身上可供赞美之处，真诚地表达对对方的称赞；感受和表达称赞时，态度要真诚，不能毫无根据地吹捧，以免伤害对方。

3. 被称赞的同学站在圈中央，也要关注赞扬自己的同学。当轮到哪位同学称赞自己时，要朝向这位同学，面带微笑地专注地看着对方，等对方称赞完后，要真诚地说“谢谢”。

4. 所有学生都要注意体验被人称赞时的感受如何，怎样用心去发现他人的长处，怎样做一个乐于欣赏他人的人。

5. 如果时间允许，还可让小组同学分享他们是如何运用所提到的方法来提升自信的经历或故事。

6. 最后以《我相信》结束活动。

7.建议学生课下将组内分享的录音反复听，感受自己的优点，进行自主学习、自信强化。

拓展延伸

有一匹小马，胆小又怕事，在动物世界中没有它不害怕的，从狮子老虎到小狗小猫。于是，他成了受气包，谁都敢欺负它。

一天，小马独自在野外啃着青草，突然间，一只老虎向它扑过来。小马虽然吓得浑身发抖，出于本能，它还是用蹄子踢了这个庞然大物。也许老虎太饿了，它在不小心的情况下被踢倒后，竟然倒地不起。小马惊呆了，它怎么也没想到会是这个结局。

消息一下子在动物世界传开了。大家都来到小马身边，用敬佩的眼神看着它："能打败大老虎，真是个英雄。"小马环顾周围的动物们，又壮起胆子看着倒在地上的老虎，这才相信自己真的不简单。

从那以后，小马有了自信。

小马由于缺乏自信，常常掉入自卑的深渊。而世界上一切事物的变化，都是先从内部开始。如果你想变化、想发展、想实现自己的目标，就需要先从内在的自信开始。自信，可以使不可能成为可能，使可能成为现实。

第三章 心理素质拓展地面项目

项目一　鼓动人生

“鼓动人生”，又称“鼓上飞球”或“动感颠球”。这是一个以团队挑战为主的项目，挑战团队学习和团队协作、制定目标和完成目标的能力。它既是一个绝好的培养团队精神的项目，也是一个非常适合各级各类运动会的比赛项目。

项目目的

1. 培养全体学生取长补短、团结协作共同完成目标的能力。
2. 培养学生不怕挫折、不断进取、争创佳绩的意识。

3. 让学生感受互相鼓励对完成任务的积极作用。

4. 锻炼学生建立信任、凝聚团体的能力。

项目准备

1. 木质牛皮编织围绳鼓，高 20cm，直径 43cm，围绳 14 ~ 20 根。

2. 平整空旷场地一块，地上没有尖锐物品和可能造成脚踝扭伤的不平整情况。

3. 活动可安排 10 ~ 20 人，每个人可以拉 1 根或 2 根绳，20 根绳可以由 10 ~ 20 人使用，可以专门安排一位放球的学生。

项目流程

1. 每人牵拉 1 根 或 2 根鼓上的绳子。如果人多，可以轮流替换。颠球时，学生必须握住把手。

2. 将一个球放在鼓面上，在大家的通力协作下，使鼓有节奏地平稳地把球连续地颠起。球颠起后能敲击鼓面发出响声，否则此球不计数或重新开始计数。

3. 要求在保证安全的情况下，尽可能多地创造多颠球记录。颠球开始后，鼓不得落地，球飞离鼓面落地后，可以安排专人捡球。

4. 可以自己定目标，也可以在目标基础上比赛，记录单次最多的数量。

5. 颠球过程中注意安全，教师叫停时必须停止。

分享交流

1. 通过团队成员的协作，体验目标管理。

2. 民主讨论之后是如何形成决策的，是否每一个人都了解决策的结果，这对于执行决策有何帮助?

3. 如果在短时间内无法制订出方案，懂得先做后说比纸上谈兵要重要得多。

4. 和预料的结果不同时，如何调整与应对是很重要的。

5. 现在是一个以结果论成败的时代，我们关注过程，但也注重结果。

6. 相信队友：在活动过程中可能难免会有急躁的心情，这时就要信任你的队友，用对队友的信赖克服自己的急躁心理，在信赖别人的同时也做一个值得别人信赖的人，给队友加油。团体成员不能只看见别人的错误，而看不见别人的努力，这样才能在彼此信赖中团结起来共同完成项目。

7. 众人拾柴火焰高：大家的力量要往一起使，大家的心要连一起。俗话说：“众人齐心能填海，蚂蚁齐心能搬山。”最弱的力量如果联合起来，那也是非同凡响的。真的很感谢我们组的每一位同学，你们每一个人都很认真，每一个人都很努力。团结就像火焰，在你周围最暗的时刻显得最亮。

8. 锲而舍之，朽木不折；锲而不舍，金石可镂。阻力越大，动力就越大。只有一条路不能选择，那就是放弃之路；只有一条路不能拒绝，那就是成功之路。人的潜能是无限的，所以在达到成功之前，我们坚决不能放弃。人的能力就如海绵的水，没有外力的挤压，它是绝对流不出来的。想要成功的心就是外力，我们只有坚持不懈，意志坚定，才能学到更多的知识。

9. 鼓励远比批评有效！相互鼓励，建立信任，这样团队才会更和谐，更有凝聚力，运作起来也会更有效率。团队的智商往往就是取决于和谐程度。

10. 团队出现问题时，个人要对自己的情绪进行控制，团队领导要对团队进行激励，对团队的情绪进行调节。鼓要平，心也要静。塑造平和面对的心态，积极调节自我以及团队的心态、情绪。

注意事项

1. 团队所有学生必须带好手套，所有学生只能用鼓和绳子接触球。
2. 教师可以帮助将球放在鼓面上，也可以选派一名学生放球或捡球。
3. 移动过程中要注意动作幅度不可过大，感觉手里的绳子紧绷的话，应立即松手，不要硬拽。
4. 移动过程中要注意周边的障碍物，不要撞到障碍物上。特别是旁边有房屋、树木等障碍的时候一定要提醒学生。
5. 颠球时，引绳应适当拉紧，不要用力上抖，让球落在鼓面的鼓点上。鼓面应水平接球，可以适当找几个人主要控制方向。
6. 学生在屡次受挫后应注意提醒他们加强协作，不要将不良情绪发泄到鼓和球上。
7. 教师应不断提醒学生在关注球的同时，也要关注自己的脚下和身边的队友。
8. 学生不能将绳子缠在手上，更不能故意干扰其他队颠球。

拓展延伸

魔术师的汤石

有一个装扮像魔术师的人来到一个村庄，他向迎面而来的妇人说：“我有一颗汤石，如果将他放入烧开的水中，会立刻变出美味的汤来，我现在就煮给大家喝。”

这时，有人就找来了一口大锅，也有人提来了一桶水，并且架上炉子和木材，就在广场煮了起来。这个陌生人很小心地把汤石放入滚烫的锅中，然后用汤匙尝了一口，很兴奋地说：“太美味了，如果再加入一点洋葱就更好了。”立刻有人冲回家拿了一堆洋葱。陌生人又尝了一口：“太棒了，如果再放些肉片就更香了。”又一个妇人快速回家端了一盘肉来。“再有一些蔬菜就完美无缺了。”陌生人又建议道。在陌生人的指挥下，有人拿了盐，有人拿了酱油，也有人拿了其他材料，当大家一人一碗蹲在那里享用时，他们发现这真是天底下最美味好喝的汤。

其实，只要我们愿意，每个人都可以煮出一锅如此美味的汤。当你贡献自己的一分力量时，众志成城，汤石就在每一个人的心中。

项目二 黑暗探索

盲人摸象

盲人摸象是一个团队一起为目标进行沟通作战的项目。所有成员在看不见的状态下，从教师手中领取2～3块不同颜色和形状的彩色板，经过团队成员的沟通，分析出教师手中彩色板的颜色和形状。

项目目的

1. 让学生体验单项沟通的弊端，知道如何有效沟通。
2. 培养团队成员主动沟通的意识，体验有效沟通渠道和沟通方法。
3. 强调团队的信息与资源共享，通过加强资源的合理配置来提高整体价值。
4. 培养团队成员系统化思考能力，促进关注局部到关注整体的战略提升。
5. 提升参与同学的计划与分析能力，以及对信息细节的敏锐度。
6. 体会团队之间加强合作的重要性，提升主动合作意识。

项目准备

1. 团队成员15～30人最佳。
2. 平整空旷场地一块，地面没有尖锐物品和可能造成脚踝扭伤的不平整情况。
3. 项目器材：彩色板36块，眼罩若干。

项目流程

1. 提前准备好项目器材（眼罩，已经抽走几块的彩色板）。

2. 组织团队成员围成一个圆圈。

3. 发眼罩，并要求同学们检查并戴好眼罩。

4. 宣布项目任务：现在我们正在演绎的是团队中不同岗位成员的角色，马上我会发给大家一些彩色板，已知这些板有若干套，我从中随机抽走了几块。大家拿到彩色板后，在不打开眼罩的情况下，通过分析与沟通需要找出板有几种颜色、几种形状。最后在40分钟内分析出教师随机抽走的板都是什么颜色，什么形状。整个过程中每一个人都可以对自己手中的板的颜色向教师发问，教师只回答每一位同学一次他手中彩色板的颜色。

5.成员开始讨论，并在规定时间内向教师报告最终的结果，也就是教师随机抽走的板是什么颜色，什么形状。

分享交流

1. 回顾一下40分钟都做了些什么事情造成了最后的成功或者失败？

2. 请问在项目操作过程中的思路是什么？按照这种思路我们能不能成功？

3. 在这个项目中沟通出现了什么问题？如何有效沟通？

4. 在这个项目中，面对这个“盲人”状态中“不可能”完成的任务，团队成员间是如何相互鼓励、如何完成的？

5. 在项目进行过程中，团队是如何进行信息传递的？

6. 整个项目最终成功的关键性因素是什么？

注意事项

1. 整个过程严禁私自打开眼罩，应确保项目期间的盲目状态。

2. 落地生根，严禁在场地内走动。

3. 所有成员之间的间隔应以挥动手臂相互不接触为宜。

4. 所有成员只允许触碰自己的彩色板，不允许触碰他人的彩色板。

5. 彩色板只允许在自己手上，不允许交换。

6. 教师提前随机拿走2～3块，将剩余的彩色板随机发给已经戴好眼罩的学员。

7. 相似和相同的板不要给同一个人。

8. 场地要平整，环境要适合（过冷过热都会影响活动的顺利实施）。

9. 项目结束时学员要摘下眼罩，适应光线后慢慢睁开眼睛。

盲人方阵

“盲人方阵”，又称“黑夜协作”，是一个以团队挑战为主的项目。活动中，每一名学生都将获得一次非同寻常的经历，它让参与者获得一次全新的反思和认知。一群

“盲人”在黑暗中摸索，他们必须集体完成一个十分精细的任务。在茫然无助的探索中，管理中的现象在此都表露无遗，很值得学生去体味和思考。“盲人”通过在闭眼的情况下相互配合来完成一个方阵样式，可以锻炼和培养大家的执行力以及信任和配合。

项目目的

1. 培养团队成员的沟通意识，提高沟通技巧和决策能力。
2. 培养团队沟通技巧，如宽容、服从、冷静、周密计划、执行力等。
3. 感受特殊情境下完成任务的合作方式。
4. 使学生理解角色定位及尽职尽责地完成本职工作的重要性。
5. 增强团队协作意识和协作能力。
6. 使学生理解团队领导人及其领导风格对完成任务的影响和重要作用。
7. 培养团队成员的决策能力。

项目准备

1. 一块足够小组活动（边长不小于25m）的平整开阔的场地。
2. 长3m、5m及12m左右的绳子各一条，并预先打结。
3. 准备好每人一个眼罩，眼罩不要太薄，以免能够看透。

项目流程

1. 情境导入：学生们误食了一种奇异果实，现在无法看见东西，为了保护学生们的安全，需要找到绳子并用其围成一个正方形的避难所，以抵御外来的敌人。所围成的正方形避难所越大，其魔力就越大，因此，学生们必须努力将其建得最大，建成之后，学生们还要相对均匀地分布在避难所四周进行把守。

2. 所有学生戴上眼罩并确认不能看到亮光后，活动开始。

3. 将已经打好结的绳放在训练场地的中间区域，所有学生先找到位于附近不超过5m范围内的绳子，并在60分钟内把它围成一个最大的正方形，最后所有的人相对均匀地分布在这个正方形的四条边上。

4. 正方形避难所是一个极具价值的防御工事，所以正方形越大越精确越好。

5. 整个活动中任何人不得摘去眼罩，戴上眼罩后应将双手放置身前，不得背手行走，严禁蹲坐在地上。

6. 整个团队完成正方形后，教师喊停。学生不得继续向不安全地带移动。摘下眼罩时背对阳光，眼睛先闭一会儿再慢慢静开。

7. 项目也可稍加改变：如果活动完成得很好，可以先把学生带到回顾地点再取下眼罩，让学生在未知情况下回顾。

分享交流

1. 在活动过程中，团队成员是如何避免现场混乱的?

2. 团队在制订活动方案时是否有明确的目标和规则?

3. 团队成员之间是怎样进行有效的沟通、交流和合作的?

4. 做好这个活动的关键点是什么?

5. 活动过程中成员之间产生分歧，你的团队是如何化解的?

6. 如何让这个正方形更精确，有没有技巧可循?

7. 学生回顾完成正方形的方法，如怎样确认四边等长、四角为直角、对角线相等。

8. 团队中领导者毛遂自荐，团队“智囊团专家”展己之长，领导者合理授权给“专家”，并维护领导者和“专家”的指挥，确保任务的完成。

9. 在非正常的沟通状态下如何提高团队的工作效率？怎样用不擅长的沟通方式有效表达或者接受信息?

10. 团队成员之间沟通是否充分有效，将决定团体工作的效率。

11. 民主讨论与决策，个体决策与群体决策，非常状态下团队中正确的沟通及决策是如何产生的?

12. 活动过程中暂时的放弃是一种勇气，也是为了长久的收益。

13. 合作才能走向成功。现代社会给予个人价值以充分的尊重，同时也强调人际间的互助与合作。

14. 良好的沟通和交流是团队有效合作的最重要的保证。倾听别人的想法，阐述自己的观点，最终团队意见达成一致以完成任务。在完成任务的过程中，应当合理利用民主与独裁，这样才能事半功倍。而如何合理调节二者的关系才是首选解决之道。

15. 合理的计划与分工。在实施过程中认真分析问题难点，找出应对的解决办法，同时每个成员必须服从组织领导，严格贯彻执行，认真组织实施，才能顺利完成活动。

注意事项

1. 要求地面平整，周围没有障碍物，以保证学生的安全。

2. 最好将绳子放在活动场地的中间区域，可以适当地运用技巧增加或降低找绳的难度，但时间不可过长。

3. 必须确认学生戴上眼罩后完全看不到亮光。戴上眼罩后，要求学生将手放在胸前，不得背手行走，且严禁蹲下。

4. 整个活动中，任何人不得摘去眼罩。确认游戏完成后，将绳踩在脚下，并通知培训师，得到准许后才可以按照要求摘去眼罩。

5. 听到停止信号后，不得继续向不安全地带移动。

6. 不要猛烈地甩动绳子以免打到其他学生的面部。

7. 整个活动中注意不要被绳子绊倒。

8. 摘下眼罩时背对阳光，眼睛先闭一会儿后再慢慢睁开。

9. 避免在烈日或恶劣天气下完成此项活动。

拓展延伸

手有五指

人的每只手都有五个兄弟——大哥（大拇指）、二哥（食指）、三哥（中指）、四弟（无名指）、五弟（小指）。他们都有各自的分工，尽职尽责团结地生活在手上。可是，时间一长，他们的思想都发生了微妙的变化，都认为自己的本领最大。最终矛盾激化，一场不可避免的争吵发生了。

大哥说：“我天天带领着你们早出晚归，辛勤地为你们服务，我的本领最大。”二哥说：“你分配不均有失职之处，出了事都是我给你顶着，我的本领最大。”三哥一把鼻涕一把泪地哭诉：“你们都把脏活累活压在我的身上，美其名我的身材修长体格健美。”四弟尖着嗓子插嘴道：“那是你自找。瞧我管理的外交处那可是顶呱呱，我的本领最大。”五弟也争吵着说他的本领最大。他们激烈地争吵，谁也不让谁。这时，人说话了：“要不你们比比谁能拿起地上的球，谁的本领就最大。”于是，他们争先恐后地去拿球，可是，不管怎么努力就是拿不起那个球。人说：“你们一起拿，试试。”他们走在一起，轻轻一拿，球就很轻松地拿了起来。他们终于明白，团结就是力量。

团队成员之间只有真诚合作，才能顺利实现团队目标。我们每个人都应忠诚负责地对待自己的工作，这样，才能形成凝聚力，增强战斗力，最大化地挖掘团体发展的潜力。

项目三　不倒森林

“不倒森林”，又称“不倒树”，是一个理念鲜明、易于操作的项目。参与挑战的学生围成一个圆圈，事先发给每一个学生一根棍子，学生们需要在棍子不着地、不能用手去抓棍子等等规则下去完成一个圆的走动。这个项目看似简单，但实际操作不易，可培养学生做事的专注和团结能力。

项目目的

1. 加强学生之间的互相信任，增强团队意识。
2. 让团队成员步调一致，提高其快速反应和协调能力。
3. 学会用平常心对待新的、严峻的挑战。
4. 建立相互支持、鼓励的团队氛围。

项目准备

1. 一块平整开阔的场地，保证组与组之间互不干扰。
2. 若干组，每组10根1.2m长、直径2cm的PVC管。
3. 秒表一块。

项目流程

1. 所有学生围成一个圆，面向圆心站立，间距一步左右。
2. 所有学生左手放到背后，右手掌心压住PVC管的顶部，使其竖立起来。
3. 所有学生集体开始顺时针或逆时针移动，即向左边或者右边移动一步。移动过程中PVC管不动且不能倒。

4. 移动过程中，左手始终在背后，不得触PVC管；右手不得抓握PVC管，始终只能用掌心压住管的顶部。

5. 如此移动10次，则项目完成。

6. 如果期间出现违规情况，则重新开始计数。

分享交流

1. 当团队反复失败、反复重新计数时，个人的心情是如何的？是停下来休息思考，还是多加练习？

2. 项目进行过程中，学生关注的目标是自己的管子还是旁边队友的管子？

3. 团队领导力在这个项目中是何时体现出来的？

4. 在活动中扮演什么角色？

5. 整个项目成功最关键的因素是什么？

6. 就活动的过程与结果而言，你最看重的是哪一个？原因是什么？

注意事项

1. 注意可安排时间让学生事先练习，练习完毕之后，所有人围成圆圈，等待项目操作。

2. 注意可以要求各组分别操作几次，可以是在发声指挥或无声环境下操作，以促进团队之间的默契和协作力。

3. 注意所有学生应严肃对待项目，不准用PVC管嬉戏打闹，以免伤及队友。

4. 注意活动中使劲要均匀，不可用力拍打PVC管，以免弄伤手心。

5. 注意在移动的过程中不要滑倒。

拓展延伸

偷油的老鼠

三只老鼠同去一个很深的油缸偷油喝，够不着油喝的它们想了一个办法，就是一只老鼠咬着另一只老鼠的尾巴，吊下缸底去喝油，大家轮流喝，有福同享。

第一只老鼠最先吊下去喝油，它想："油就这么多，大家轮流喝一点儿也不过瘾，今天算我运气好，干脆自己跳下去喝个饱。"夹在中间的老鼠想："下面的油没多少，万一让第一只老鼠喝光了，那我怎么办？我看还是把它放了，自己跳下去喝个痛快！"第三只老鼠也暗自嘀咕："油那么少，等它们两个吃饱喝足，哪里还有我的份儿？倒不如趁这个时候把它们放了，自己跳到缸底饱喝一顿。"于是，第二只老鼠狠心地放开第一只老鼠的尾巴，第三只老鼠也迅速放开第二只老鼠的尾巴，它们争先恐后地跳到缸里去了。最后，三只老鼠都淹死在油缸里。

团队成员之间只有真诚合作，才能顺利实现团队目标。我们每一个成员都应忠诚负责地对待自己的工作，不能因个人私利而置团体和他人利益不顾。这样，才能形成凝聚力，增强战斗力，最大化地挖掘团体发展的潜力。

项目四　众志成城

众志成城是一个团体协作类的项目，所有的学生在教师的口令下，协调一致地完成同时起立和坐下的动作。项目操作看似很简单，但同时完成20多人的起立和坐下还是非常考验团队的合作能力的。

项目目的

1. 团队努力协作不断制订目标并达成目标。
2. 理解团队需要来自每个人的支持，同时也要求每一个人给予周围的人以支持。
3. 体会个人能力不等于团队能力，团队能力是个人能力的综合。
4. 通过体验拉近成员之间的距离，并体会个人在团队中的重要性。

项目准备

1. 平整空旷场地一块，地面没有尖锐物品和可能造成脚踝扭伤的不平整的情况。
2. 成员身上没有容易掉落或尖的物品。

项目流程

1. 调整队列，让所有学生面对面站成两列，两列人数基本相等，相距大约三步。

2. 项目导入：接下来我们要体验的项目是“众志成城”，操作起来很简单，两人/队背靠背，有三个口令。当听到第一个口令“请下”时，请就地坐下来（臀部着地）；当听到第二个口令“请伸直”时，请将腿伸直；当听到第三个口令“请起”时，请在胳膊打不开的情况迅速起立。给大家计算起立所用的时间，计时原则是从下达“请起”的口令到最后一位队员起来，这中间的时间为我们团队的有效时间。

3. 成员示范：在两队中各找一名“勇士”进行示范动作，两队成员可以预估两名“勇士”起立需要的时间。

4. 完成项目

（1）设置目标：接下来给大家3分钟的时间，做两件事情：第一，预估本次起立需要完成的时间，制订挑战目标；第二，实现目标采取什么措施方法。这3分钟你们可以互相讨论，可以观察，可以体验，可以什么也不做，时间是你们自己的，时间是团队的。3分钟讨论，计时开始。

（2）体验项目：团队的目标和每一位成员都有关系，每一个人都会决定最后目标的实现。依次询问每组挑战目标需要几秒，是否有信心，采取的措施是什么。

所有队员向前三步走，向后转，手臂请相挽，背部相对。指示当听到第一个口令“请下”时，请就地坐下来（臀部着地），当听到第二个口令“请伸直”时，请将腿伸直；当听到第三个口令“请起”时，请在胳膊打不开的情况迅速起立。给大家计算起立所用的时间，计时原则是从下达“请起”的口令到最后一位队员起来，这中间的时间为我们团队的有效时间。记录每组的有效时间。

（3）引导成员再次设置目标：询问两组学生：各位，这是我们最好的成绩吗？不是。众志成城，第一个字是“众”。众字怎么写？是三人成众。那么，人字怎么写？一撇一捺。我们用食指在空中写一个人字给自己看，这说明人与人是相互支撑的相互依靠的，当两个人背靠背靠在一起的时候，看起来是不是像一个“人”字？虽说只有一撇，要将它写好，却不太容易。在挑战的过程中，有的伙伴相互支撑相互写了一个潇洒的人字，有的伙伴靠着对方的背一下子站起来，而他身后的那位伙伴则由于失去了背，怎么站也站不起来。人与人是相互支持的，你有没有去给别人以支持？你愿意做团队中的那个“靠得住”的人吗？请问你是否把肩膀真诚地给予对方？你是否把胳膊的力量传递给对方？支持别人的同时其实你也在支持你自己，帮助别人的同时你也在帮助你自己，要想得到回报首先要先付出。

再给各位2分钟的时间，制订新的挑战目标，商量采取什么样的措施和方法。2分钟讨论，计时开始。

（4）体验项目：重复（2）的内容。

（5）引导成员再次设置目标：好，时间到。以我为基准，向左向右看齐，向前看。请问目标是几秒？提升了多少差距？还有多少？众志成城，第二个字是“志”，志气的“志”。团队有志气呢。追求是无止境的，团队只有为自己设定更高的目标，才能确保团队的成长，维系团队的活力。人生应当有目标，否则，你的努力将属徒然。“木桶理论”告诉我们木桶盛水的多少取决于短板，那么，我们团队中的短板在哪里？是女伙伴？还是最后那个起立的伙伴？面对短板，我们是选择抛弃他还是长板补救？为什么不抛弃？因为我们是一个团队。是一个团队就要不抛弃不放弃。让我们一起大声说：“不抛弃，不放弃”三遍。再次商定新的目标需要几秒，有没有信心。

给各位1分钟制订团队的终极挑战目标，商量采取什么样的措施和方法。1分钟讨论，计时开始。

（6）体验项目：重复（2）的内容，直至不想挑战为止。下坐的时间最终可以挑战至5秒。

分享交流

1. 在项目进行的过程中你的心理感受是什么？开心吗？快乐吗？有收获吗？具体有什么收获？

2. 在设置团队目标的过程中，刚开始你想到了什么？这又说明了什么？团队是可以创造奇迹的，在团队中没有不可能，只有不去做；没有完美的个人，只有完美的团队；在团队中人与人是相互支撑的，是相互依靠的，人在一起不是团队，心在一起才是团队。

3. 以下情况能否有助于团队目标实现？

（1）坐下和起立时，先后顺序不一致。

（2）挽胳膊时挽错、挽得不紧、两端不挽。

（3）松开伙伴的手臂扶地，没有和身边伙伴一同站起。

（4）左右缝隙太大，借力困难。

（5）前后不对应，背靠不在一起。

（6）大家站起来的时候，身体前倾，没有形成“人”字支撑。

（7）个别伙伴起立速度非常快而使身后伙伴失去支撑。

（8）只将肩膀顶在一起而没将臀部顶在一起。

（9）一位身材高大的伙伴与一位身材瘦弱的伙伴相互支撑。

（10）只与本队伙伴调整。

（11）伙伴们没有激情或没有达成目标的欲望。

（12）消极言论。

4. 讨论设置目标的重要性。人与人之间根本差别并不是天赋、机遇，而在于有无目标。不管什么目标，也不管多大，每一个目标都要分解到你现在应该做什么，使你现在的行动与你未来的愿望、梦想联系起来，使目标有现实的行动基础。目标是团队存在的理由，也是团队运作的核心动力。团队目标是发展团队合作的一面旗帜。团队目标关系到全体成员的利益，也是鼓舞大家斗志、协调大家行动的关键因素。

注意事项

1. 提醒两边的同学也要把胳膊挎在一起，并提醒大家把胳膊跨紧，起立时不要打开、更不能用手接触地面，以免手部受伤。

2. 目标可以由高到低引导同学自己设定。时间紧或者协作性不好，目标应设定低一些。

3. 提醒坐下的时候慢一些，注意安全，重复臀部着地，两腿保持平伸。

拓展延伸

井底的驴

一天，一个农民的驴子掉到了枯井里。那可怜的驴子在井里凄惨地叫了好几个钟头，农民在井口急得团团转，就是没办法把它救起来。最后，他断然认定：驴子已经老了，这口枯井也该填起来了，不值得花这么大的精力去救驴子。

农民把所有的邻居都请来帮他填井。大家抓起铁锹，开始往井里填土。驴子很快就意识到发生了什么事，起初，它只是在井里恐慌地大声哭叫。不一会儿，令大家都很不解的是，它居然安静下来。几锹土过后，农民终于忍不住朝井下看，眼前的情景让他惊呆了。每一铲砸到驴子背上的土，它都作了出人意料的处理：迅速地抖落下来，然后狠狠地用脚踩紧。就这样，没过多久，驴子竟把自己升到了井口。它纵身跳了出来，快步跑开了。在场的每一个人都惊诧不已。

其实，生活也是如此。各种各样的困难和挫折，会如尘土一般落到我们的头上，要想从这苦难的枯井里脱身逃出来，走向人生的成功与辉煌，办法只有一个，那就是：将它们统统都抖落在地，重重地踩在脚下。因为，生活中我们遇到的每一个困难，每一次失败，其实都是人生历程中的一块垫脚石。

项目五　突破雷阵

突破雷阵又叫“雷阵”，类似于电脑扫雷游戏，要求全体成员在规定的时间内，按照规则要求在布满“地雷”的区域中找出一条通道，走出雷区。

项目目的

1. 激发创新能力，突破思维定式，培养创新与风险意识。

2. 培养善于吸取经验教训、少走弯路的能力。
3. 善于利用工具与资源。
4. 增强团队合作意识。
5. 培养理性分析与感性尝试的能力，体会如何做到共赢。

项目准备

1. 秒表、活动表格、雷阵示意图（眼罩可选，不做必须要求）。
2. 平整空旷场地一块，地面没有尖锐物品和可能造成脚踝扭伤的不平整的情况。
3. 提前把雷阵图铺好，并确认不会被风刮走。
4. 人员无限制，需将学生人数分成两个小组。

项目流程

1. 情境导入：在大家行进的路上，发现了一个雷区，里面布满了地雷（地雷的位置不变），但这是一条必经之路，无法绕行，因此大家的任务是，大家必须在规定时间内在雷区里面找到一条安全的通道。

2. 将学生带入雷阵场地，宣布“我们将做一个团队项目，叫突破雷阵。我们队将在一定时间内通过一片雷区”。

3. 列队：将按AB、AB……报数，宣布报“A”者为一组，报“B”者为一组。“A”组只能从1~6号格进入，“B”组只能从7~12号格进入。

4. 规则叙述两遍，不再解释，不再回答任何问题。

5. 全体一次通过雷区，雷区内只许一人活动，其他人不准踏入雷区。A组、B组轮流进入，进入前举手报告。

雷阵示意图 The tip chart of minefield

OUT

109	**110**	**111**	112	**113**	**114**	**115**	116	**117**	**118**	**119**	**120**
97	**98**	99	**100**	101	**102**	**103**	104	**105**	106	**107**	108
85	**86**	87	88	**89**	**90**	91	**92**	**93**	94	**95**	96
73	74	**75**	**76**	77	78	**79**	**80**	81	**82**	83	84
			67	**68**	**69**	70	71	**72**			
			61	62	**63**	**64**	**65**	66			
			55	**56**	57	58	**59**	**60**			
			49	50	**51**	**52**	53	**54**			
37	**38**	39	40	**41**	42	43	**44**	45	46	**47**	48
25	26	**27**	28	**29**	30	31	**32**	33	**34**	35	**36**
13	**14**	15	**16**	17	**18**	**19**	20	**21**	22	**23**	24
01	02	03	04	**05**	06	07	**08**	09	10	11	**12**

A组进　　IN　　B组进

注：1. 有阴影的数字代表此格有地雷。2. “A”组只能从1~6号格进入，“B”组只能从7~12号格进入。

“A”组或“B”组经允许后方可进入。

6. 进入雷区者，每一步只能踏入相邻的格子，也就是说只有相邻的八个雷区可以移动一步（一格）。不准跳跃，不准试探，不准踩线。

7. 每走一步新格后要听教师指令，指令有两种：（1）请继续；（2）有雷，请按原路返回。听到第一种指令则请继续走，听到第二种指令则按原路返回，退到队尾，教师不回答其他无关问题。

8. 满分100分。有4种违例情况，分别是：（1）第一次触雷为探雷，不扣分，如果重复触雷一次，则扣5分；（2）不按原路返回，一次扣5分；（3）踩线一次，扣5分；（4）未经允许进入雷区，一人次扣5分。最后全体突破雷阵后剩余一人次加5分。所有分数相加为最终得分。

得分情况表

原始分数	100	100
违例	A组	B组
重复触雷		
未按原路返回		
未被允许进入雷区		
踏线		
剩余人数		
得分		

分享交流

1. 突破思维定式，走出理性盲区，培养创新意识。提问：雷区内一共有多少个格子？大家是怎样理解相邻的格子？战场上、工兵找到地雷后做什么？

2. 培养善于吸取经验教训，少走弯路能力；树立成本观念，特别是时间成本、信息成本等。提问：我们是否可以用更短的时间来完成这项任务？我们为什么会有那么多违例？如何减少违例的次数？

3. 善于利用工具与资源。提问：这个活动中的资源有哪些？大家怎么理解时间是一种资源？

4. 我们的项目做得比较成功，但还是被扣了分数，大家知道是哪方面吗（违例情况）？

5. 团队之间用了哪一种方法记录、确定目标？

6. 在探雷的过程中，是坚持正确的意见，还是听从他人的意见？

注意事项

1. 在探雷过程中，只允许进入周边相邻的方格，严禁跨越。比如：你所在的位置是18号方格，那么只有5、6、7、17、19、29、30、31号方格可进入，其他都不允许。

2. 任何人都不能越过出发线指挥或观察情况。

3. 踩雷两次者需由另一名成员背出区域，且两人将退出游戏。

4. 每一名进入者必须从起点开始行进，不能直接到达上一名同学触雷的地方。

5. 项目进行过程中不允许用任何声音进行交流。

6. 禁止在道具上做任何临时性标记。

拓展延伸

痛苦和盐

印度有一个师傅对于徒弟不停地抱怨这抱怨那，感到非常厌烦，于是有一天早上派徒弟去取一些盐回来。当徒弟很不情愿地把盐取回来后，师傅让徒弟把盐倒进水杯里喝下去，然后问他味道如何。徒弟吐了出来，说："很咸。"师傅笑着让徒弟带着一些盐和自己一起去湖边。他们一路上没有说话。

来到湖边后，师傅让徒弟把盐撒进湖水里，然后对徒弟说："现在你喝点湖水。"徒弟喝了口湖水。师傅问："有什么味道？"徒弟回答："很清凉。"师傅问："尝到咸味了吗？"徒弟说："没有。" 然后，师傅坐在这个总爱怨天尤人的徒弟身边，握着他的手说："人生的苦痛如同这些盐有一定数量，既不会多也不会少。我们承受痛苦的容积的大小决定痛苦的程度。所以当你感到痛苦的时候，就把你的承受的容积放大些，不是一杯水，而是一个湖。"

人生的苦痛如同这些盐有一定数量，既不会多也不会少。我们承受痛苦的容积的大小决定痛苦的程度。所以当你感到痛苦的时候，就把你的承受的容积放大些，不是一杯水，而是一个湖。

项目六　急速反应

急速反应又叫"急速60秒"，是一种团队合作和小组竞技的项目。所有成员在有限时间内进行挑战，收集30张带有数字信息的卡片，按顺序交给教师确认。

项目目的

1. 培养团队决策与统筹意识、大团队意识，以及团队间的相互合作能力。

2. 培养团队处理突发事情的能力。

3. 在执行过程中对目标偏离时，怎样快速沟通重新调整计划。

4. 工作效率中的学习曲线。

5. 突破思维定势，培养发散性思维能力。

项目准备

1. 1 ~ 30个数字信息卡片一套。

2. 粉笔或绳子界定区域，场地标记（每个小组举例卡片约7米）。

项目流程

1. 情境导入：各位伙伴，这是一个信息化的时代，面对未知的变化，面对熟悉事物的变化，该如何应对？该如何决策？环节是变幻无常的，如何更迅速地面对？我们必须有一种理念，那就是“快速反应，马上行动”。让我们把这种理念化成行动来体验这个项目“急速反应”，用心感受成功背后是什么。

2. 这是起点线，在正前方大约十米处地面有两个圆，圆圈内有1 ~ 30的数字，圆外有一个摆放区域，需要进入圆圈挑拣数字并按照1到30的顺序摆放整齐。

3. 队伍先站在场地以外，每次每队有60秒的时间进入到场地内到达圆圈前，然后从打乱的图片中按照顺序找出代表1 ~ 30的图片，每次只能有1人进入到圈内，60秒到后必须离开场地，出来时拿上找到的图片数字，交给教师，按顺序找到的数字多且正确的队伍获胜。

4. 区域内只能进入一人，每人至少进一次，同一人不能连续进两次。

6. 教师的口令只有“对，继续。”“错，请离开。”

分享交流

1. 每一轮违规了几次？什么情况造成的违规？

2. 每一轮的操作方法是什么？做了哪些调整？

3. 你们接到任务之后，所做的第一件事是什么？

4. 你们觉得整个项目中最困难的部分是什么？

5. 角色分配分工合作如何做？我们做了哪些事情让结果更好？每个人是如何定位自己的？

6. 你们取得成功的关键是什么？

7. 我们团队有哪些需要改变的？

8. 怎样做到了突破思维定势，勇于创新？

注意事项

1. 提前让学员把身上尖锐的、容易掉落的物品取下。
2. 场地应平整、无障碍物、不湿滑。
3. 提醒学员不要奔跑太快，防止滑到。
4. 两组场地之间要相距3米以上，防止各组学员之间彼此相撞。
5. 过程中避免成员偷看卡片。

拓展延伸

相依为命

从前，某个国家的森林内，喂着一只两头鸟，名叫“共命”。这只鸟的两个头“相依为命”。遇事向来两个“头”都会讨论一番，才会采取一致的行动，比如，到哪里去找食物，在哪儿筑巢栖息等。

有一天，一个“头”不知为何对另一个“头”发生了很大误会，造成谁也不理谁的仇视局面。其中有一个“头”，想尽办法和好，希望还和从前一样快乐地相处。另一个“头”则不理睬，根本没有要和好的意思。

如今，这两个“头”为了食物开始争执，那善良的“头”建议多吃健康的食物，以增进体力；但另一个“头”则坚持吃“毒草”，以便毒死对方才可消除心中怒气！和谈无法继续，于是只有各吃各的。最后，那只两头鸟终因吃了过多的有毒的食物而死去了。

团队中的成员之间应和和气气、团结一致。若发生什么不愉快的事，大家应开诚布公地解决，不应将他人视为“敌人”，想尽办法敌视他。

第四章 心理素质拓展低空项目

项目一　穿越电网

“穿越电网”，也称蜘蛛网，是一个非常著名的心理素质游戏活动，是幻想和挑战的完美融合，常常被用来创建团队、培养团队合作精神、学习冲突处理技巧、培养沟通能力。活动中每一个人都需要做最大的努力，否则某一人的放松将会给别人造成很多麻烦，甚至会让所有人的努力前功尽弃。

项目目的

1. 体验电网逃生的震撼。
2. 提高团队成员的身体素质。
3. 培养团结一致、密切合作、克服困难的团队精神。
4. 增强团队成员间的相互信任和理解。
5. 培养团队成员突破思维定势与增强风险意识。
6. 培养团队成员细节决定成败的观念。

项目准备

1. 场地：模拟电网设施。
2. 眼罩若干。
3. 准备好封闭网眼的挂件，如带夹子的小铃铛。

项目流程

1. 情境导入：各位队员，大家好！我们先做一下场景的模拟，我们现在是战场中反击队的一支爆破小分队，完成上级交给我们的任务，炸掉了敌人的弹药库。由于爆炸声音比较大，被敌人发现了，敌军派出比我军10倍的兵力前往追赶。所以，大家必须迅速撤退，在撤退的必经之路上，敌人设置了这样一张高压电网，一边是悬崖，一边是峭壁。我们只能穿越电网才可以得以生还。在穿越的过程中，任何人身体的任何部分，包括头发、衣服、鞋带等不得触碰电网，一旦触碰立即牺牲。敌军将在30分钟之内赶到此地，没有穿越的队员也将视为牺牲。

2. 电网上下左右均不能通过，不管成败，每个网洞只能使用一次，每次只允许过一人。

3. 项目开始后，牺牲的队员需要站在旁边的烈士陵园，在整个过程中不得提供任何帮助行为。

4. 队员需要被抬起通过时，尽量保持面部向上，不允许个人窜跳过去。

分享交流

1. 团队在拿到任务后，应做哪些准备工作？
2. 给团队和自己打分（满分10分），扣分的原因在哪里？
3. 成功完成任务的关键在哪？有什么办法做得更好？
4. 如果项目失败，你觉得主要原因是什么？如果重新再来一次，应如何避免？
5. 整个活动中每个队员都在做什么？你是否觉得自己很无助或很无奈？你是如何跟大家沟通交流的？

6. 被动地等待和服从调动对完成任务的价值和当时的感受是什么？

7. 团队领导如何搜集大家的意见进行决策，被领导者有什么感受？

注意事项

1. 所有学生进行项目前都要将身上的尖锐物品（如眼镜、发卡、手表、钥匙、戒指等）放在一边，做完项目后再取回。

2. 封闭网眼时，动作要轻，态度要严肃，不要用手触碰洞边框绳。

3. 对项目过程中完成难度最大的穿越进行鼓励和表扬，使学生始终保持高昂的士气。

4. 任何人身体的任何部位（包括头发、衣服）均不得触网，触网后，该网眼封闭，正在通过的人退回并蒙上一段时间眼罩，此后在合适时机重新选择其他的网眼通过。

5. 任何人不得绕过电网到另一侧帮忙。

6. 每次违规，队长要承担相应的惩罚。

7. 有任何不安全的情况，相关老师会大声示警，并及时制止，请所有队员听从老师的指挥。

拓展延伸

17头牛的故事

从前，传说有这么一个故事：有一个牧民有17头牛。他在病重的时候，要把这17头牛分给他的三个儿子。他说：长子分得一半，次子得1/3，三子分1/9。后来他死了，三个儿子不知道怎么分，吵了很长时间也分不下去。

聪明的邻居知道了这件事，便带了一头牛来帮他们分。这样，大儿子1/2分了9头牛，二儿子1/3分了6头牛，三儿子1/9分了2头牛。三个儿子刚好分去17头牛，最后恰剩下这头邻居带来的牛。于是，邻居又把自己的牛牵了回去。

无论这是一个称颂牧民邻居智慧的故事，还是一道奥数题，真正让我称奇的反倒是那位设置这道分牛法的牧民。他只有17头牛，却不把牛分完，因为1/2+1/3+1/9=17/18，并没有指着他的17头牛，而是眼里早把他邻居的牛设计在他的分牛法里。

如果他给三个儿子分的是1/2、1/3、1/6（1/2+1/3+1/6=1），那么就只能把牛剁了才能实现；如果他直接告诉大儿子给9头，二儿子给6头，三儿子给2头，不也更直接吗？但这样可能会让三个儿子在他生前就要因为不公平而打了起来。

玩了一辈子聪明的牧人，用“分数”玩弄了他只懂放牛喂牛、不学不懂数学的三儿子，实现了他想一为老大、二为老二的打算，三儿子只能吃哑巴亏，被他爹设计了。谁让他不懂数学呢？

现实生活中很多的问题，有些就是人为地考验领导能力水平的。像这道题、这个问题的解决，邻居的聪明和智慧值得称颂，像一个处理棘手问题的领导。这里需要搞清楚的一个问题是，面对问题，首先要把问题的本质搞清楚，这是解决问题的前提。这个故事启示我们的领导者，面对很多问题是可以运用领导技巧、领导艺术的。有人说那是权术，是阴谋。其实，这是对领导方法的误解。

项目二　孤岛求渡

“孤岛求渡”，也称“孤岛求生”，是心理素质拓展的一个团队低空合作项目。项目开始后学生被分成三组，分别站在不同的三座小岛上并且掌握着不同的资源，要求学生在一定的时间内按照规则完成各自任务书上的任务。

项目目的

1. 培养领导管理的角色意识，学会合理分工。
2. 让学生突破思维定势，充分利用规则。
3. 学会处理团队中不同角色人员的任务以及团队内部之间如何进行有效沟通。
4. 培养沟通工作的主动性，不要问“团队能为我做什么，而要考虑我能为团队做什么”。
5. 学会有效沟通、主动沟通和双向沟通。
6. 了解信息的公开与共享，掌握跨团队之间的合作。
7. 确立整体观念，打破团队之间利益界限。

项目准备

1. 场地要求：平坦，方箱摆放紧密平稳；三座岛之间的距离以木板可以平稳搭上为准。

2. 器材要求：三块木板（木板无裂纹，哑人岛、珍珠岛相对大一些）、羽毛球或网球若干、任务书一套（见附）、纸两张、鸡蛋两个、筷子两双、一段50mm长的透明胶带（缠在筷子上）、眼罩为N/3个（N为参训人数）。

附：

珍珠岛任务书

（一）活动任务

1. 将鸡蛋从高处抛下可以不破。可利用的资源有：鸡蛋、筷子、胶带、纸张。

2. 请合理计算出这道题目的正确答案。ABCDE×4=EDCBA，要求：A、B、C、D、E为不同的自然数。

3. 将所有人集中到珍珠岛上。

（二）周边地形

你们现在处在珍珠岛上，岛上周边是湍急的激流，岛屿边界无法改变。

（三）活动规则

1. 岛不能移动。

2. 岛屿边界不能改变。

3. 任何物体不得触及激流，否则将被迅速冲至盲人岛。

盲人岛任务书

（一）活动任务

1. 将一个乒乓球投入桶中。

2. 将所有的人集中到同一个地方。

（二）可用资源

1. 3个乒乓球。

2. 你们的聪明才智。

（三）周边地形

1. 你们现在处在盲人岛上，周边是湍急、充满漩涡的激流。

2. 任何欲通过激流离开孤岛的企图都是徒劳的，只要触及激流，即会被冲回盲人岛。在激流远处的岩石上，固定着一个桶。

（四）活动规则

1. 为了安全，你们不得踏入激流。

2. 最终完成任务以前，严禁摘去眼罩。

3. 只有盲人可以触球。

哑人岛任务书

（一）活动任务

1. 帮助盲人。

2. 将所有人集中在同一个地方。

（二）可用资源

1. 你们中有两个人能组成一艘能快速移动且能逆流而上的渡船，但是在盲人岛上的盲人完成第一项任务前，不得使用渡船。

2. 你们的聪明才智。

3. 渡船两只。

（三）周边地形

你们现在处在哑人岛上，周边是湍急的激流，岛屿边界无法改变。

（四）活动规则

1. 岛不能移动。

2. 岛屿边界不能改变。

3. 在最终完成任务以前，严禁从嘴里发出任何声音。

4. 任何物体不得触及激流，否则将被迅速冲至盲人岛。

5. 岛与岛之间距离太远，严禁跳跃。

项目流程

1. 情境导入：下面我们要进行的项目是“孤岛求渡”。我们这个队的所有学生乘坐一艘大船在水流湍急的河上航行，正在航行的时候，船出了事故，沉没了，大家不得不顺水漂流，漂着漂着，就把你们漂到了这几个小岛上。

盲人岛：由于成员误食了有毒的野果，食物中毒，所有人都失明了。

哑人岛：由于成员误食了有毒的野果，所有人都不能说话了。

珍珠岛：所有成员都是正常的人。

2. 将所有人分为三组（一般常用报数的方式）。

（1）先将一组人带至哑人岛，告诉他们：“从现在开始你们就成了哑人，不许从嘴里发出任何声音（包括你们哑人内部），如果违规，将被取消资格。”

（2）再将一组人带至珍珠岛。

（3）请最后一组人先戴上眼罩（如有戴眼镜者则请其先摘下眼镜）。眼罩的佩戴方法为亮面向外（视眼罩的类别不同而定），鼻托位置向下，强调一定保证什么也看不见。然后，将其带至盲人岛，过程中应告知：“请你们手拉手跟我走，慢一点，不要着急。”（注意随时告知他们前面的路况，如“这一段很平”“前面有棵树”等等）。接近盲人岛时再告知：“现在先停一下，我们前面有一个大约20cm高的平台，站上去后先不要乱动。”最后逐一将盲人扶上岛，待所有人站到岛上后，说：“现在大家可以用脚感受一下边缘和高度，注意不要掉下去。”（注意监控）

3. 开始分发哑人岛、珍珠岛任务书，最后将盲人岛任务书悄悄塞到一名较内向的学生手里。

4. 宣布项目开始，限时40分钟。

分享交流

1. 在活动过程中团队成员如何避免现场的混乱？

2. 团队在制定活动方案时是否有明确的目标和规则？

3. 团队成员之间怎样进行有效的沟通、交流和合作？

4. 做好这个活动的关键点是什么？

5. 活动过程中成员之间产生分歧，你的团队是如何化解的？

注意事项

1. 重点注意监控盲人岛上的学员

（1）随时关注盲人，及时提醒他们注意自己在岛上的位置，不要掉下去。

（2）在木板搭好后盲人向其他岛移动的过程中要严密监控盲人，以防其掉下木板，老师身体应跟随其一起移动，张开手臂做出保护的姿势，但与学员身体应保持适当的距离。

（3）提醒盲人取下眼罩时应按照老师要求的步骤先闭眼再取下眼罩，然后捂住眼睛再缓缓地睁开眼。

2. 监控哑人，防止木板呈跷跷板状态

（1）哑人搭板（特别是运用杠杆原理）时，提醒其不要压伤手指，同时注意监控不要压伤队员的脚。

（2）当大多数人集中至一个岛上时提醒他们相互保护。

3. 项目控制

（1）队员人数不应少于8人，其中哑人岛不应少于3人。

（2）如团队中有人做过此项目，则将其派至盲人岛或哑人岛，并告知不能说话和出主意。

（3）哑人岛上尽量安排力气大的男队员。

（4）如发现盲人摘眼罩、哑人说话，应立即禁止。

（5）密切监控哑人在盲人未投进球前挪动木板，并警告他们违例。

（6）监控健全人、盲人不得帮助搭放木板。

（7）监控除盲人外其他人不得触球。

（8）哑人移动木板的过程中，如木板的一头触地，则应将木板拖至盲人岛。

（9）当哑人将木板的一端搭至珍珠岛的松软土地并有人上板时，应让人和木板冲至盲人岛。

（10）如发现学生有隔岛传递或传看任务书的情况则应制止（如站在两岛之间）。

（11）项目结束后，所有器械必须立即复位（注意木板横向叠放），回顾结束后任务书必须收回。

拓展延伸

囚禁的章鱼

一只章鱼的体重可以达70磅，但是，如此庞大的家伙，身体却非常柔软，柔软到几乎可以将自己塞进任何想去的地方。章鱼没有脊椎，这使它可以穿过一个银币大小的洞。它们最喜欢做的事情，就是将自己的身体塞进海螺壳里躲起来，等到鱼虾走近，就咬断它们的头部，注入毒液，使其麻痹而死，然后美餐一顿。对于海洋中的其他生物来说，它可以被称得上是最可怕的动物之一。但是，人类却有办法制服它。渔民掌握了章鱼的天性，他们将小瓶子用绳子串在一起沉入海底。章鱼一看见小瓶子，都争先恐后地往里钻，不论瓶子有多么小、多么窄。结果，这些在海洋里无往不胜的章鱼，成了瓶子里的囚徒，变成了渔民的猎物，变成人类餐桌上的美食。

是什么囚禁了章鱼？是瓶子吗？不，瓶子放在海里，瓶子不会走路，更不会去主动捕捉。囚禁了章鱼的是它们自己。它们向着最狭窄的路越走越远，不管那是一条多么黑暗的路，即使那条路是死胡同。

在日常的工作和生活中，我们经常会遇到许多羁绊和束缚，对于它们，我们毫无办法。殊不知囚禁我们的不是别人，而是自己，是我们习惯化的思维和认知的态度。

项目三　礼让通行

“礼让通行”是一项体验式拓展活动。该项目一般12～15人一组，站在晃板上，先告诉学生一个排列的顺序，比如每个同学抽取的数字，或每个同学的生日等，要求学生在不讲话的情况下通过手语进行交流，调整位置，使一支无序的队伍变成一支有序的队伍。

项目目的

1. 使团队在短时间里建立统一指令、达成一致行为 。

2. 培养团队共同努力、寻求正确思维去有效解决问题的方法并统一思想，做到有计划有序地去解决问题 。

3. 培养良好的人际关系与互动状态 。

4. 学习在条件限制与手忙脚乱的情景下进行良好沟通的方法。

5. 增强个体的手、腰部、腿部力量、身体协调能力与平衡力。

6. 帮助团队建立积极、健康、融洽的人际交往氛围，形成互帮互让、精诚合作的团队作风。

项目准备

在地面上安装“礼上通行”器材，此器材为固定钢构框架，钢构下端固定连接一块晃板，板下为轴承，让板面可晃动。

项目流程

1. 情境导入：聋哑人生活在一个无声的世界里，给他们的生活带来极大的不便。此项目本来是一项极为简单的事情，但因为聋哑人听力障碍就变成了一件极为困难的事情，这些是我们听力正常的人所不能体会的。首先，通过本拓展活动，可引起大家对聋哑人的关注，并在力所能及的情况下对聋哑人进行帮助。其次，在本活动中每个人都能体会到别人对自己的帮助，如果没有别的同学的帮助，可能有的同学就会从晃板上面掉下来，所以，要感谢帮助过你的人。本项拓展活动的难点在于两个同学位置的交换方法，所以，想出解决问题的方法特别重要。

2. 选用一定的活动方式进行分组。

3. 做必要的身体准备活动。

4. 队员站到晃板上以后，每个队员抽取一张数字牌，要记住数字，不要让别的同学看到。

5. 教师发令，开始计时，队员通过手势进行交流，按数字从大到小进行排列。

6. 队员认为排列成功后举手示意，教师停止计时，用时少的小组视为胜利的小组。

分享交流

1. 你是怎么在晃板上面保持平衡的？

2. 你是怎样与别的同学交流的？

3. 在与别的同学交换位置的时候，你采取的是什么方法？别人的方法好不好？

4. 通过这个活动，你有什么体会？

注意事项

1. 队员须取下眼镜、手表、挂件等硬物，穿着松紧适度的运动服装。

2. 本活动的危险性不高，实施时不需要使用专业的保护装置，但老师要及时制止一些危险动作，同时密切关注练习者，防止其不小心跌落受伤。

拓展延伸

能不能穿？

一位教授精心准备一个重要会议上的演讲，会议的规格之高、规模之大都是他平生第一次遇到的。全家都为教授的这一次露脸而激动。为此，老婆专门为他选购了一身西装。晚饭时，老婆问西装合身不，教授说上衣很好，裤腿长了那么2cm，倒是能穿，影响不大。晚上教授早早就睡了。老妈却睡不着，琢磨着儿子这么隆重的演讲，西裤长了怎么能行，反正人老了也没瞌睡，就翻身下床，把西装的裤腿剪掉2cm，缝好烫平，然后安心地入睡了。早上五点半，老婆睡醒了，因为家有大事，所以起来比往常早些，想起老公西裤的事，心想时间还来得及，便拿来西裤又剪掉2cm，缝好烫平，惬意地去做早餐了。一会，女儿也早早起床了，看妈妈的早餐还没有做好，就想起爸爸西裤的事情，寻思自己也能为爸爸做点事情了，便拿来西裤，再剪短2cm，缝好烫平……这个裤子还能不能穿？

沟而不通，费时误工。

项目四　携手并进

该项目要求两人一组，在支点高低错落的晃板上，学生通过不断地变换身体姿势，有创造性地、灵活地、及时地选择落脚支点，在脚不着地的情况下从一端走到另一端。

项目目的

1. 培养团队成员的合作精神和协调能力。
2. 培养团队成员在共同解决问题时步调的一致性。
3. 培养团队成员的创造性思维和在解决问题的过程中及时调整策略与方法的能力。
4. 培养团队成员耐心细致解决问题的能力。
5. 锻炼团队成员手脚的协调能力与快速反应力。

项目准备

1. 器材材质：机械钢结构、轴承。
2. 构成：钢构下端固定连接一块晃板（板下为轴承，故板面可晃动）。

项目流程

1. 教师在全体学生随机站上晃板以后布置活动要求，并根据不同的排序方式（可以是生日、可以抽签等）要求团体成员在规定的时间里、在不能有人掉到地面上的前提下完成任务。

2. 此活动可以在一个 10 ~ 15 人的团体里完成，也可以开展团体与团体之间的竞赛。

分享交流

1. 你是怎么在晃板上面保持平衡的?
2. 你是怎样与别的同学交流的?
3. 在与别的同学交换位置的时候，你是采取的什么方法？别人的方法好不好?
4. 通过这个活动，你有什么体会?

注意事项

1. 要求两个学生同时站在支点高低错落的板上，手持绳索，在同一口令下抬脚，步调一致向前进。

2. 为了更安全地活动，团队成员应穿松紧适度的运动服装，并提醒学生小心扭伤脚。

3. 学生须取下眼镜、手表、挂件等硬物，穿着松紧适度的运动服装。

4. 本活动的危险性不高，实施时不需要使用专业的保护装置，但老师要及时制止一些危险动作，同时密切关注练习者，防止其不小心跌落受伤。

拓展延伸

断　箭

春秋战国时代，一位父亲和他的儿子出征打仗。父亲已做了将军，儿子还只是马前卒。又一阵号角吹响、战鼓雷鸣了，父亲庄严地托起一个箭囊，其中插着一支箭。父亲郑重地对儿子说:“这是家袭宝箭，佩戴身边，力量无穷，但千万不可抽出来。”那是一个极其精美的箭囊，厚牛皮打制，镶着幽幽泛光的铜边儿。再看露出的箭尾，一眼便能认定是用上等的孔雀羽毛制作。儿子喜上眉梢，贪婪地推想箭杆、箭头的模样，耳旁仿佛嗖嗖的箭声掠过，敌方的主帅应声折马而毙……果然，佩戴宝箭的儿子英勇非凡，所向披靡。当鸣金收兵的号角吹响时，儿子再也禁不住得胜的豪气，完全背弃了父亲的叮嘱，强烈的欲望驱赶着他呼一声就拔出箭，试图看个究竟。骤然间，他惊呆了。一只断箭，箭囊里装着一支折断的箭。

我一直挎着一只断箭打仗呢！儿子吓出了一身冷汗，仿佛顷刻间失去支柱的房子，轰然意志坍塌了。

结果不言自明，儿子惨死于乱军之中。

拂开蒙蒙的硝烟，父亲拣起那柄断箭，沉重地啐一口道:“不相信自己的意志，永远也做不成将军。”

自己才是一支箭，若要它坚韧，若要它锋利，若要它百步穿杨、百发百中，磨砺它、拯救它的都只能是自己。

项目五 移花接木

“移花接木”，又称“汉诺塔”。这是一个需要团队共同努力、协同合作、发挥团队聪明才智才能完成的团队项目。体验汉诺塔，可以让学生在做事前养成制定目标并为完成目标做计划、行动、检查、反馈的思维习惯，同时，通过彼此之间分工、协作，让学生增强团结互助的意识。

项目目的

1. 学会带领团队走出困境。
2. 学会如何进行有效有序的沟通。
3. 学会提高团队工作的效率。
4. 培养工作交接过程中的能力。

项目准备

1. 道具：固定立柱、五个带编号的轮胎、秒表。

2. 人数：以一个班级40～50人为准，每组5人为宜，每次一组进行活动，后依次每组进行。

项目流程

1. 情境导入

在印度，有这么一个古老的传说：在世界中心贝拿勒斯（在印度北部）的寺庙里有一块插着三根宝石针的黄铜板。印度教的主神梵天在创造世界的时候，在其中一根针上从下到上地穿好了由大到小的64片金片，这就是所谓的汉诺塔。不论白天黑夜，总有一个僧侣在按照下面的法则移动这些金片：一天只移动一片，不管在哪根针上，小片必须在大片上面。僧侣们预言，当所有的金片都从梵天穿好的那根针上移到另外一根针上时，世界就将在一声霹雳中毁灭，而梵塔、庙宇和众生也都将同归于尽。不管这个传说的可信度有多大，如果考虑一下把64片金片，由一根针上移到另一根针上，并且始终保持上小下大的顺序，这需要多少次移动呢?这里需要递归的方法。假设有n片，移动次数是$f(n)$。显然，$f(1)=1$，$f(2)=3$，$f(3)=7$，且$f(k+1)=2\times f(k)+1$。此后，不难证明$f(n)=2^n-1$。

这表明移完这些金片需要5845亿年以上，而地球存在至今不过45亿年，太阳系的预期寿命据说也就是数百亿年。真的过了5845亿年，不说太阳系和银河系，至少地球上的一切生命，连同梵塔、庙宇等，都早已经灰飞烟灭。

今天我们用五个轮胎和三个立柱来进行汉诺塔项目。

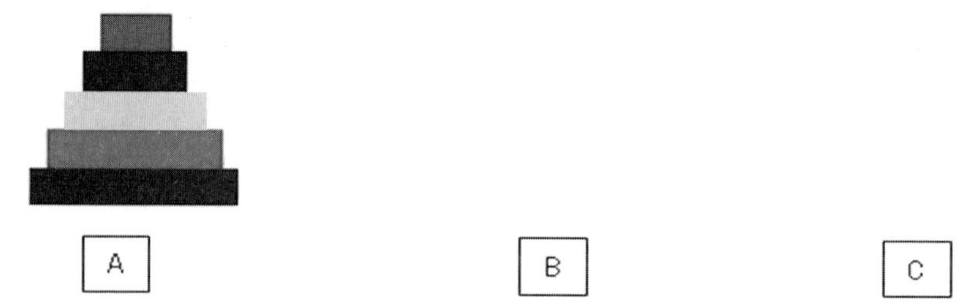

2. 项目目标

每个组的同学为一队，请每个队将轮胎按照从上到下、数字由小到大的原则从原始区走到目标区，步数最少且用时最短的将最终获胜。

3. 项目规则

（1）原始区的轮胎由五层组成，从上至下由小到大分别是1～5号轮胎。

（2）三个立柱分别代表区域，即原始区、中转区、目标区。原始区是指轮胎移动前的区域；目标区是指轮胎最终要到达的区域；中转区是指可以中转、临时放塔的区域。

（3）每人每次只能移动一个轮胎。

（4）在移动的过程中，只能小的压大的。

4. 注意事项

（1）项目开始之前，团队应有20分钟的讨论和演习时间。

（2）比赛可进行两轮以上，每轮之间可以让团队总结讨论。

（3）教师必须熟练掌握轮胎的移动方法，并在正式比赛之前教会学生移动，本项目的目的不在于考验学生的移动方法。

（4）操作中教师要进行监督、计时和记录步数。

分享交流

1. 有什么方法能以最快的速度完成轮胎移动练习？
2. 在项目实施过程中你受到队友的帮助吗？
3. 实施项目的计划充分与否会给伙伴带来什么？
4. 在活动中你有何感受？
5. 活动中你们遇到了什么情况？是怎么解决的？
6. 结合生活、工作和学习，参加此项目让你得到了什么启发？

注意事项

1. 学生应穿松紧适度的运动服装。
2. 活动开始之前，应带领大家把脚和手活动开。
3. 注意避免有些学生自由选择伙伴而造成一些学生被排除在队伍之外。

拓展延伸

别怕犯错

害怕犯错是最大的错误。

“敢去做就是好事。你现在缺少的只不过是经验。”在我刚到公司不久时领导对我这样评价。后来，他又对我说了另外一句话：“害怕犯错本身就是最大的错误。”

这让我对自己有一个警醒。

害怕犯错实际上就是把自己置身于一个安全的环境里面，不愿冒险。

“做多错多，能够不做最好不做，或者尽量少做。”“不求有功，但求无过。”“多一事不如少一事。”诸如此类的对话就是犯错的具体表现。甚至，这些对话渐渐演变为一些人的处世态度。

这样的结果是让人失去锐气、创意和活动，心态保守，不敢去尝试新事物。

事实上，从不犯错的人是没有的，从不犯错的人也不可能取得成功。

犯错的时候，往往也是我们自我反省、自我学习的好机会。正如某公司人力资源总监说的：我们允许下属犯错误，如果哪个人在几次犯错误之后变得“茁壮”了，那对公司是很有价值的。

从某种意义上来说，犯错是在交那笔不得不交的学费。

当然，“别怕犯错”也不是说可以永远犯错，更不应该犯同样的错。允许“交学费”，但也不能“光交学费，不毕业”。

人们习惯于为成功者献上鲜花和掌声，但在很多时候，如何对待失败者，往往会决定一个团队或者一个企业的成败。

总之，建立正确的态度，我们就能够处理好自己与错误的关系，就能够超越错与对的二元对立去做事、去成功。

项目六　突破设限

突破“自我设限”，又称“蒙目过线”，是一个挑战自我惯性思维的项目。活动中，每个学生都要在蒙目的状态下通过绳子，之后部分学生撤掉那条绳子，感悟通过心中的那条“绳”中的想法和感受。

项目目的

1. 帮助学生认识每个人心中都有一条绳，即“自我设限”。
2. 让学生感悟“自我设限”的弊端，并剖析自身存在的“自我设限”现象。
3. 让学生学会积极改变、突破惯性思维和“自我设限”。
4. 启发积极改变，让学生能够真正地以一个新的面貌、新的状态迎接生活。

项目准备

1. 平整空旷场地一块，地上没有尖锐物品和可能造成脚踝扭伤的不平整情况。
2. 至少四条可拉直的长丝带绳子。
3. 眼罩若干。

项目流程

1. 情境导入：潜力击掌，帮助理解自我设限的心理学意义。同学们先设想一下在10秒内以最快的速度可以击掌多少次。结果是大部分同学实际击掌次数远大于设想次数。由此引出：我们的潜力远远大于我们的想象。很多时候，我们低估了自己的能力，即进行了自我设限。

2. 两名学生负责牵好绳子，要求一直保持一定的高度。其他学生作为参赛者，要求在身体不触碰绳子的情况下，依次俯身通过绳子。

3. 第一轮，所有学生睁眼通过绳子。

4. 第二轮，增加游戏的难度，要求学生在蒙眼的情况下，俯身通过绳子。前面的学生条件不变；后面的学生在通过绳子前，应蒙上眼睛，并在他不知情的情况下，悄悄将绳子取下，要求他俯身通过障碍。当他过去之后，请他取下眼罩并转身，让其看到实际已经没有绳子。

5. 活动结束。

6. 邀请后面的学生上台，对他表示感谢，鼓掌。同时提问：是否知道已经没有绳子？当转过身来看到没有绳子的时候，内心的想法是什么？如果早知道没有绳子，自己会怎么做？

分享交流

1. 本次活动的意图是什么？绳子代表和象征着什么？

2. 结合生活中的惯性思维，就实际情况而言，这根绳子在心中是否真的存在？存在的话，它存在什么地方，是怎样形成的？

3. 在成长过程中，有没有因为消极的惯性思维，无形中为我们的心灵设置了这样那样的限制。一旦形成自我设限，我们将陷入一个个恶性循环中，这些恶性循环，阻碍着我们获得更大的成功。

4. 假如没有这条绳子，你的生活会有什么变化？你又会怎么做？

5. 从心理学角度来说，“自我设限”就是在自己的心里默认了一根这样的绳子，这根绳子往往在你想释放你的潜力的时候出来阻拦着你并让你退缩，即横亘在成长道路上，阻碍着人们前进。

6. 因为“自我设限”，使我们产生限制性的信念和障碍意识，阻碍对问题的看法与解决，更为不利的是，它会限制和扼杀我们自己潜在的才能。所以，我们要突破“自我设限”。怎样来改变这种状态？我们现在要做的就是立刻去行动。让我们拿出勇气，立刻行动，以一个最佳的状态去迎接。

7. 提高期望。把以前“自我设限”的那些低目标提高一下，每个小目标都提高一点点，人生将会提高一大块！如果经常能找到新高度，并且超越原来的界限，那么成功的概率将迅速增大。

8. 拒绝为自己的失败寻找借口。因为各种借口会给我们带来消极的影响，妨碍我们潜能的发挥，使我们丧失斗志、消极处世。

9. 不能靠别人来帮你突破。这好比即将破壳的小鸡，自己突破蛋壳，它才能成活，靠别人敲破蛋壳，结果可想而知。

10. 不要被自己的缺陷所吓倒。不要因为过去的失败就看不到未来的成功。要站在挫折和失败的废墟上看得更高。从现在开始，把你深层次的潜力发挥出来就是成功的关键。

注意事项

1. 要求活动地方平整、开阔、无障碍物，所有学生取下身上的硬物，以保证安全。

2. 眼罩应注意保持清洁，最好人手一支。

3. 学生应穿着松紧适度的运动服装。

4. 避免在烈日或恶劣天气下完成此项活动。

5. 活动开始后任何人不得说话，不允许有交流和沟通。

6. 整个活动中注意不要被绳子绊倒，学生不得脱离队伍，不得取下眼罩。

7. 学生全部通过绳子后，方可取下眼罩。摘下眼罩时注意背对阳光，先闭目一会儿，再慢慢睁开。

跳蚤的故事

一位科学家先把跳蚤放在桌上，一拍桌子，跳蚤迅即跳起，跳起高度均在其身高的100倍以上，堪称世界上跳得最高的动物！然后，在跳蚤头上罩一个玻璃罩，再让它跳，这一次跳蚤碰到了玻璃罩。连续多次后，跳蚤改变了跳起高度以适应环境，每次跳跃总保持在罩顶以下高度。接下来逐渐改变玻璃罩的高度，跳蚤都在碰壁后被动改变自己的跳起高度。最后，当玻璃罩接近桌面时，跳蚤已无法再跳了。于是，科学家把玻璃罩打开，再拍桌子，跳蚤仍然不会跳，变成“爬蚤”了。

紧接着，科学家不小心打翻了桌上的酒精灯，酒精倒在了桌上，火也慢慢地向跳蚤爬的地方蔓延。奇迹出现了，就在火快要烧着跳蚤的一瞬间，跳蚤又猛地一跳，又跳到了最开始的超过它身体300倍的高度。

“囚”字很可怕，就是人把自己给框住了。你和我心中都有梦，让我们突破自己设定的框架，激发内心的无穷潜力，只有这样我们才能成功。正如央视广告语所言：“心有多大，舞台就有多大。”

第五章 心理素质拓展中空项目

心理素质拓展中空项目主要是借助相关器材，进行团队或个人的素质拓展，目的在于让参与者置身于生理、心理的极限情境，在“心理”“体能”和“技能”等方面皆有“高峰体验”，并将这种体验“烙”进心灵的深处，进而深入到参与者的身体、心理、品德、技能等。

项目一　信任背摔

“信任背摔”是一个广为人知的经典拓展项目，每个学生轮流笔直地从1.4～1.6米的平台上向后倒下，而其他学生则伸出双手保护他。每个人都希望可以和他人相互信任，否则就会缺乏安全感。要获得他人的信任，就要先做一个值得他人信任的人。猜疑别人的人，是难以获得别人的信任的。这个项目能让学生在活动中建立和加强对伙伴的信任感和责任感。

背摔整体图（注意教师把控整场）

项目目的

1. 培养团体间的高度信任。
2. 提高学生的人际沟通能力。
3. 引导学生换位思考，让他们认识到责任与信任是相互的。

项目准备

1. 项目人数：12 ~ 16人。
2. 场地要求：1.2 ~ 1.6米高的背摔台。
3. 需要器材：束手绳。
4. 项目时间：50分钟左右。

项目流程

1. 队伍整队

分成两组。统一标准，摆放物品。一组为背摔成员组，另一组为保护成员组。背摔组成员全部完成背摔后再互换角色。

2. 教反手结

首先，伸出双手，手心相对，翻转，大拇指向下；然后，十指扣紧，由内向外翻转过来，放在胸前。之后，将头低下来，下巴放置于反手结上（教师示范）。

3. 教弓箭步

首先，左脚向前迈出45cm左右，左腿弓、右腿蹬；然后，左脚与前面小伙伴的左脚内侧并拢，双膝交叉顶紧，双手平伸，手心向上，五指并拢，双臂交叉于手掌心三分之一处，放于对方左肩窝上，腰部挺直，头朝后仰。

4. 安排保护

参与背摔者，第一位选择体重较轻者，然后按照体重由重到轻的顺序依次进行背摔。

保护者站位：以五排保护为例，靠近背摔台的第一排和第五排的保护者可以选择体力较弱者，其他第二、三、四排为比较壮的学生，其余人员站在每排后用手扶第二、三、四排接人的伙伴肩膀，但应留有一人站在第五排前方保护背摔者头部并做监督。

5. 背摔

学生上台后，站在台上，两腿并拢，脚跟悬空1 ~ 2cm，做反手结并放在胸前，教师用“安全绳”绑手，检查身体与下方学生是否平行，如果非平行状态，应做调整。

教师问话：“相信自己么？相信团队么？”“下面的小伙伴准备好了么？”听到整齐响亮的回应“准备好了，请相信我们一定支持你。”然后喊出：“3、2、1、倒!”

背摔者倒下后，教师轻拉束手绳；保护者轻轻放下背摔者，应先放脚后放头；教师放松束手绳后，从背摔者手上取下束手绳。

学习激励话语：接下来我们每一位学生依次操作，在操作项目的时候，有以下问话："相信自己么?"如果相信我该怎样回答？回答"相信"。"相信团队么?"同样回答"相信"。或问"下面的小伙伴准备好了么?"如果下面的小伙伴准备好了，请回答"准备好了，请相信我们一定支持你!"重复练习，直到能整齐喊出："准备好了，我们一定支持你。"

分享交流

1. 建立团队内部的信任感，理解信任和承诺的重要性。
2. 学习换位思考，更好地理解他人。
3. 理解信任建立的基础，信任来自对他人能力和品质的把握，以及工作流程的设定。
4. 理解做好自己的本职工作对下一个工序和流程的支持。
5. 排除杂念，关注体验。

注意事项

1. 接人者注意事项

做右弓步，双手伸出，手掌掌心向上交叠放在对方锁骨上（要注意五指并拢、拇指不能向上），一组的两个人要将脚和膝盖贴紧，腰挺直，斜上抬头45°看背摔者。

2. 背摔者注意事项

（1）背摔者手部的准备动作：前伸、内翻、相扣、翻转抵住下颚。

（2）绑带后，令背摔者站在站台上进行以下动作：脚跟并拢、膝盖绷直、腰挺直、含胸、低头、手抵住下颚，准备背摔。

背摔者手势和头部姿势

教师保护绳的使用和保护措施

保护者的手势和腿部站立姿势（同时注意二层保护意识）

拓展延伸

信不信任

现代管理学中有一个概念叫做“授权”。事实上，不少成功的管理者都非常善于充分授权。

而授权源于信任。

但很多人在谈到信任时都觉得太理想化，在现实生活中很难做到。常常会听到这样的问话：“你信任我呢？那借钱给我好不好？”意思是不借钱给我就等于不信任我。

为了清晰地区分，教师曾与一个女孩有过这样的对话：

“你信任的男人有多少？”

“很多。”对方回答。

“那你是不是会嫁给他们每一个呢？”

“当然不会啦。”

“所以你信任一个人，并不等于你就要做一些事。”

有人因为别人借钱不还，就再也不信任所有人。他没有区分开信任是信任，借钱是另一个范畴的行为。他没有从财务管理、法律知识等方面去完善自己，防止同样的事情再次发生，反而用不再信任别人来惩罚自己，使自己损失更大。

所以我们说，信任是一种心态，要与另外的事情分开。

我信任你，并不等于我要借钱给你；反过来，我不借钱给你，也不等于我不信任你。

信任源于每个人内心的态度，信任是一种稳定的信念，信任是相互之间的承诺。要获得他人的信任，就先做一个值得他人信任的人。

项目二 穿越沼泽

“穿越沼泽”，又称“齐心协力”或“罐头鞋”，起源于中国。此项目由两块窄板和三只桶组成，要求团队成员全部站在木板上，木板架在油桶上，人和木板均不可着地，从起点至终点移动木板和油桶。当人、木板和油桶全部通过终点后，活动即结束。计时从心理素质拓展师宣读完规则后开始，至所有人和道具通过终点为止。用时最短的团队为胜者。

活动目标

1. 增强团体成员身体的协调能力和平衡能力。
2. 锻炼团体和个人的决策力和执行力。
3. 加强团体成员的沟通能力，学习在混乱紧张的情况下如何有效沟通。
4. 培养团体成员在解决问题时，合理分配人力资源、分工协作的能力。

活动过程

1. 情境导入：这是一个团队项目，需要大家协作完成。

2. 全体学生相对均匀地站在木板上，不得在木板上故意震颤和打闹。

3. 学生的活动范围是在木板与桶上，不得跌落下来。

4. 所有学生不得从嘴里发出任何声音，按照学生的出生月、日排序，完成任务后，手在体前下垂交叉示意。活动中，如果换位必须采用面对面扶肩换位，相邻学生应互相帮助。

5. 在规定时间内，全体学生利用两块板和三个桶移动到达指定地点。

6. 活动过程中，学生身体任何部位不得触地，木板不得触地。

7. 学生在挪动木板的时候，手指不能在木桶与木板之间，以免被压伤。

8. 木桶不得反倒在地，有危险的情况下由心理素质拓展老师指挥，必须按照要求完成。

9. 活动结束后，学生按要求回到地面。

分享交流

1. 对完成项目所做出的努力给予肯定，鼓励每一个学生将自己的感受与大家分享。

2. 大家对完成项目是如何进行决策与尝试的？在执行中又是如何修订前期做出的决策的？

3. 分享“差不多”的习惯对完成活动的不利因素分析。

4. 分享被动地等待与服从调动对完成活动的价值和当时的感受。

5. 分享团队成员是如何分工与协作的。

注意事项

1. 教师应全程、徒手对每一位学生进行安全监控。

2. 教师必须不断提醒学生注意安全，以免掉下木板。

3. 学生挪动桶和木板时，教师必须全程跟随，并伸手随时做好保护学生的准备。

4. 学生挪动木板时，教师必须提醒避免压手、压脚。

5. 学生换位时，教师必须在旁边做好保护措施，伸开双手，以免学生掉下时能接住。

6. 该项目采用的杠杆原理，站在木板后端的学生至少要有4个以上体重较重的，后端板长至少要有1/3以上，在前端的学生应身手敏捷，老师在旁边随时做好伸手保护的准备。

拓展延伸

雁的启示

每年的9月至11月，加拿大境内的大雁都要成群结队的往南飞行，到美国东海岸过冬。第二年的春天再飞回原地繁殖。在长达万里的航程中，它们要遭遇猎人的枪口，历经狂风暴雨、电闪雷鸣及寒流与缺水的威胁。但每一年它们都能成功往返。雁群一字排开成“V”字型时，这比孤雁单飞提升了71%的飞行能量。

当每只雁振翅高飞，也为后面的队友提供了“向上之风”，这种省力的飞行模式，让每只雁最大地节省能量。当某只雁偏离队伍时它会立刻发现单独飞行的辛苦及阻力，就会立即飞回团队，借用前面伙伴提供的“向上之风”。当前导的雁疲倦时，它会退到队伍的后方，而另一只雁则飞到它的位置上来填补。

艰难的任务需要轮流付出，大家要相互尊重、共享资源，发挥所有人的潜力，只要团队相互鼓励、坚定信念，就一定能够成功。

项目三　盲目障碍

当一个人处于黑暗中的时候，心理就会产生恐惧和不安，也经常会遇到挫折和困难。此时，如果有熟悉的人帮助和引导他们，他们就会渐渐放下心来，对彼此间的信任也将大大提高。此项目就是模拟这样的环境来增加彼此间的信任，增强相互帮助和相互合作的意识。

活动目的

1. 增强团队合作精神，培养人际信任感。
2. 培养队员自我挑战的精神和能力，增强胆量和勇气。
3. 锻炼队员身体协调、平衡及快速反应能力。

活动准备

1. 项目人数：每组10 ~ 16人。
2. 场地要求：器材底部为沙土等松软地面。
3. 需要器材：钢结构盲目障碍桥。地面做基础，固定钢构板。钢板上设置若干障碍物。
4. 项目时间：每组30分钟左右。

活动流程

1. 将队伍分为A、B两个组，每组人数相等。

2. 项目开始，A组将被视为盲人，全体戴上眼罩。排成一队，立于障碍桥的一端。

3. A组在B组一对一的指挥下，穿越宽0.3米、长10米的障碍区。

4. 在穿越的过程中，指挥者只能用言语告知盲人障碍情况，并提醒盲人的行动情况。指挥者与盲人之间不得有任何身体接触（但指挥者要起到保护作用，防止盲人绊倒或摔下障碍桥）。

5. 通过一对一的绝对指挥系统，让整个团队顺利快速地通过障碍桥，安全到达桥的另一端。

分享交流

1. 在行走的过程中当你听到有人不小心摔下去时，你还敢继续前进吗？

2. 若你是在不知道的情况下顺利地通过了梯子，当你知道你所走的是一个独梯时，你是什么感觉？

3. 现在你对团队合作以及信任的重要性有何新的认识与理解？

注意事项

1. 参与项目队员须除去眼镜、手表、挂件等硬物，穿着松紧适度的运动服装。

2. 在盲人前进的过程中，只能由指挥者一人发出指令，以免信息混乱。另外，保护者只需张开双臂护着盲人，要尽量避免和盲人有肢体接触。盲人能顺利越过障碍，没有触碰到障碍且行进过程中脚未落地即为挑战成功。

3. 本项目的危险性不高，实施时不需要使用专业的保护装置，但教练要及时制止一些危险动作，同时密切关注练习者，防止其不小心跌落受伤。

拓展延伸

合作的重要性

从前，有两个饥饿的人得到了一位长者的恩赐:一根鱼竿和一篓鲜活硕大的鱼。其中，一个人要了一篓鱼，另一个人要了一根鱼竿，之后他们分道扬镳了。得到鱼的人原地就用干柴搭起篝火煮起了鱼，他狼吞虎咽，还没有品出鲜鱼的肉香，转瞬间，连鱼带汤就被他吃了个精光，不久，他便饿死在空空的鱼篓旁。另一个人则提着鱼竿继续忍饥挨饿，一步步艰难地向海边走去，可当他已经看到不远处那片蔚蓝色的海洋时，他浑身的最后一点力气也使完了，他也只能眼睁睁地带着无尽的遗憾撒手人间。

又有两个饥饿的人，他们同样得到了长者恩赐的一根鱼竿和一篓鱼。只是他们并没有各奔东西，而是商定共同去找寻大海，他俩每次只煮一条鱼，他们经过遥远的跋涉，来到了海边。从此，两人开始了捕鱼为生的日子。几年后，他们盖起了房子，有了各自的家庭、子女，有了自己建造的渔船，过上了幸福安康的生活。

如果一个人只顾眼前的利益，得到的终将是短暂的欢愉；一个人目标高远，但也要面对现实的生活。

只有把理想和现实有机结合起来，才有可能成为一个成功之人。有时候，一个简单的道理，却足以给人意味深长的生命启示。

单丝不成线，独木不成林。人们团结在一起可以做出一个人所不能做出的事业；智慧+双手+力量结合在一起，几乎是万能的。

项目四 紧急逃生

“紧急逃生”，又叫“毕业墙”。因为经常将它安排为最后一个活动项目，因此也叫“胜利墙”。此项目要求全队所有成员在规定的时间内翻越一面高4.2米的光滑墙面。在项目实施过程中，大家不能借助任何外界的工具，包括衣服、皮带、绳子等。现在所能用的资源只有我们每个人的身体和彼此之间的信任与扶持，以及我们不抛弃、不放弃的精神。这个活动可以让我们懂得个人目标与团队目标的关系，只有团队获得胜利才是真正的胜利。

项目目的

1. 培养学生团结一致、密切配合、战胜困难的团队精神。
2. 培养学生勇于奉献的精神。
3. 让学生懂得人力资源的合理分配、运用。
4. 培养团队内部及团队之间的凝聚力。

5. 让学生学会民主集中、有效讨论，合理、快速决策，以及科学评估创新方案。

6. 培养学生的计划、组织、协调能力。

项目准备

1. 物品：体操垫、计分卡、秒表（一块）。

2. 准备及检查训练场地和器械。

3. 带领学生做好全身性的准备活动，重点做好四肢关节的准备活动。召集学生至场地，可以先合唱一首歌曲或做一项活动，以提升士气。

项目流程

1. 项目准备

（1）将学生召集至活动场地，并将身上的硬物放在指定地点。

（2）通过跑步、跳舞、体操等项目活动身体，让身体完全活动开。

2. 项目介绍

这个项目的名字叫“紧急逃生”，因为经常将它安排为最后一个活动项目，因此也叫“毕业墙”或“胜利墙”。此项目要求全队所有学生在规定的时间内翻越一面高4.2米的光滑墙面。在此过程中，大家不能借助任何外界的工具，包括：衣服、皮带、绳子等。现在所能用的资源只有我们每个人的身体、彼此之间的信任与扶持，以及我们不抛弃、不放弃的精神。这个活动可以让我们懂得个人目标与团队目标的关系，只有团队获得胜利才是真正的胜利。

3. 讲解攀爬过程中的安全注意事项

（1）人梯原则。搭法讲解和演示。

（2）拉拽原则。在上方拉的学生应该采用手腕与手腕相扣的方式（可提前让学生相互试做），即拉手腕托腋下的方式把人垂直往上拽，严禁反关节运动扭着拽上去。被拉的人给提拉的人一个相应的力。当被提拉的学生身体的1/3过了墙沿以后，上面的人才能横向用力。

（3）攀爬原则。向上攀爬的过程中严禁任何人用脚蹬墙壁，防止撞伤膝盖（禁止膝盖跪墙壁），同时防止拉力过大将上面的学生拉下墙头。且严禁任何人骑跨在墙头拉人，严禁任何以头朝下的方式向上攀爬。

（4）踩踏原则（两踩四不踩）。两踩：只有大腿和肩膀中间可以踩；四不踩：靠近膝关节、髋关节处不能踩；大腿内侧（股动脉和坐骨神经）和外侧（反关节）不能踩；肩关节（脆弱）和颈部（颈椎、神经、颈动脉）不能踩；头部、腰部以及其他关节处绝对不能踩。

（5）保护原则。当有学生攀爬时，其他学生应注意保护。保护的姿势是：弓箭步站立，双手举过头顶，手略弯曲，双手自然并拢，对准攀爬学生的屁股。如果上方学生微微后倒或侧倒时，要及时将他摁留在墙面上，让他有第二次和大家翻越的机会。

（6）大声示警原则。项目过程中，当有学生坚持不住的时候一定要大声“啊”一声示警，旁边就近的学生要及时地替换基石或者提拉学生，但不能说话，任何情况下都不能松懈安全。

（7）哨声警示原则。哨声一响应停止手上所有动作，哨声不代表想法的对与错，只因为有可能出现的安全隐患，待教师确认安全之后再开始项目操作。

（8）教师口令不容置疑原则。教师有权制止任何危险动作，请同学们要绝对服从。

4. 确认学生身体状况

（1）有心脏病、脑血管病、高血压等严重病患的学生请出列。

（2）有习惯性脱臼以及其他身体伤病的学生请出列。

（3）在半年内做过腹腔开腹手术或骨折的学生请出列。

现在，请我们各位不能参加的学生到后排列队站好！前提是绝对不可以说话，唯一可以有的是你们的掌声。

5. 项目规则介绍

（1）没有上去的人不能跑上去帮忙，已经上去的人不能跑下来帮忙。

（2）在这个特定的项目里，不允许使用任何能延伸身体长度的工具，如衣服、皮带等，能用的资源就是我们的聪明才智和身体四肢。

（3）墙的两边是无限延伸的，不能利用两边，必须从墙的正面上去。

（4）所有人必须在规定时间内成功翻越。

（5）当最后一名学生翻过后停止计时，记录成绩。

6. 项目开始

我们现在有什么？我们有同学们之间的相互信任、相互支持、相互帮助。我们有团队的凝聚力、向心力和不抛弃、不放弃的精神。

其他的一无所有！！！一无所有！！！听明白没有！听明白没有！

好！我们必须保证我们的同学都能安全地到达胜利的顶峰，如果有人在攀爬过程中掉下来，或者30分钟后还有人在墙下，我们的项目即为失败！听明白没有！

再次问：同学们！勇士们！你们准备好了吗？能不能完成？

好！现在、马上、翻越这堵“毕业墙”！

分享交流

让我们围成一个圆，坐下；现在大家齐唱一首《真心英雄》。之后，请所有的同学慢慢地闭上眼睛，深深地吸一口气，慢慢地呼出来，再请所有的同学轻轻地低下头。在接下来的过程中，不需要任何人回答问题，让我们保持绝对的安静，让我们用真心去聆听，用真情去感受这个短暂的旅程给我们带来的幸福与感动，用心去铭记这一刻！

过程中问话：各位，你还记得手掌间那崭新的温度吗？是谁第一个艰难地爬了上去？又是谁第二个爬上那面高墙，第三个、第四个……，我们的伙伴都在努力地向前冲！因为只有爬上去，我们整个团队才有生的希望。再让我们回头看一看，最后的几位同学又是谁呢？又是谁最后一个挣扎着爬了上去，他又是如何用尽所有的力气才被同学们艰难地拉上高墙了呢？

在整个过程中，你是否还记得你是踩着谁的肩膀翻上这堵墙，当你在空中摇晃不定时，又是谁伸出了他那不算宽大但却有力的大手，紧紧地拉住了你呢？此时此刻，我们可能都记不清楚了。亲爱的同学，我们可曾看到那些在底层甘为基石的人，甘愿被人一个又一个踩在他们的肩上，哪怕他们肩上露出了鲜血、脸上的表情又是多么的痛苦，但却依然苦苦地支撑着。

下面请大家睁开双眼。我们一起交流以下几个问题。

1. 这面墙单靠一人或两人的力量可不可能上去？

2. 大家的方案有没有什么问题，可不可以改进？有没有更好的顺序？大家还记得方案不断讨论改进的过程吗？从中可以总结出什么？

3. 当你踩着别人的肩膀向上爬和被上边人往上拉时，心里有什么感觉？

4. 你身体条件不是太好，有没有犹豫过？大家终于把你拉上去了，感觉怎么样？

5. 你是最后一个人，当大家都上去了，但你上去却多次受挫，你当时怎么想的？

6. 最后一人上去很困难，你有没有想过放弃？是什么使你坚持了下来？

7. 你们放弃了最后一人，而他恰恰就是为大家牺牲最多的人。现实生活中，如果一个团队在每一个困难面前都抛弃功臣，这个团队可能长期存在或得到发展吗？

8. 这次活动中有没有特别感人的事例？

9. “求生”和“逃生”的区别是什么？

注意事项

1. 学生操作安全细则

（1）注意第一位学生的安全保护。

（2）拉扯时应采取互扣腕关节或指关节的方法，同时应注意人体各个关节正确的弯曲方向。

（3）在翻越过程中，下方学生要用保护动作保护正在翻越的队友和自己。为避免踩踏伤害，必须将鞋子脱掉后才能上垫子。

（4）注意学生应站在垫子四周。

（5）不允许站在墙上面去拉人。

（6）人墙在垫子中央位置，不能太偏。

（7）学生不能助跑弹跳。

（8）教师命令必须服从，特别是出现危险动作时教师应予以制止。

（9）不参与攀越的学生应集中注意力，随时参与保护。

（10）学生俯身时，不能超过髋部。

（11）学生倒挂时，保护同学不可把手放在倒挂同学的小腿下，防止拉伤。

（12）近视超过300度的学生和女士不能倒挂。

（13）采取倒挂应问清学生的方法，并提出安全上的要求。

2. 教师保护安全细则

（1）注意第一位学生和最后一位学生的保护。

（2）随时提醒并安排学生保护。

（3）注意提醒学生取掉身上的硬物。

（4）当墙下人数较少时，教师要主动加入保护行列。

（5）教师要监控墙的两侧，或派学生站在两侧，以防学生人墙倾斜倒下让学生受伤。

（6）教师在整个过程中要随时提醒学生注意安全，尤其是学生违规操作时，要及时制止。

（7）在活动过程中，垫子若离墙远了，教师要暂停活动，把垫子拉回墙角。

（8）监控项目时教师的站位应能控制住人梯正后方和一个侧面两个方向，另一个侧面的安全安排专人防护；当只剩下最后3人及更少时，教师应站在人梯后方较近的位置，用膝顶住下方受力者的臀部，一手支住人梯的腰，一手用“抱石保护”姿势（教师托住上面学生）上举。

（9）当只剩下一人时，无论采用什么方法都要听中间学生的感受，如果不行，立即停止！如果他们准备采取倒挂方法时，应叫停，问清方法，给予安全指导，确认大家分好工。教师应格外注意最后上去的学生的保护。

拓展延伸

团队精神

在我们为企业所做的训练之中，最多的是关于团队精神的。这说明了一种需求。

有一个故事，不知发生在何朝何代。说的是一位父亲在临终时把所有的儿子叫到身边，然后，他让儿子们进行了一次关于团队精神的“体验式学习”。

他拿来一支筷子，让其中一个儿子折断。这个轻易就折断了。

他又拿来十支筷子，让那个儿子折断。那个儿子无法折断了。

父亲用这种方式告诉儿子们团结的重要性。

这个故事还有一个少数民族版，只不过，把其中折筷子的情节改成了折箭。

国外也有一种说法：依靠个人100%的力量，倒不如依靠100个人1%的力量。

不管现代、古代，不管哪个民族、哪个国家，团队精神都是非常重要的。

项目五　协力过河

“协力过河”，又称“齐心协力”。这是一个双人合作的户外心理素质拓展项目。两个队友各站在一根钢管上，向前走。面对面，伸出双手，手心相对、手掌相抵，不准抓手，然后一并向前移动，直至终点。

项目目的

1. 提升团队对合作精神的理解，认识统一指挥的意义与重要作用。

2. 合理的分工与合作，资源的优化配置，挑战未知领域，培养创新意识。

3. 群体决策的方法及意义，有限理性代替最优方案，大胆尝试，勇于付出。

4. 发挥团队创意，体会对于团队的领导技巧角色的合理分配与运用，避免“熟练工”对团队造成的负面影响。团队学习保证新的创意。

项目准备

1. 器材材质：机械钢结构、钢绳两条。

2. 秒表一块。

项目流程

1. 情境导入：各位优秀的同学们，我们先做一下场景的模拟，角色转换成第一次世界大战中反击战的一支爆破小分队，我们用尽了所有资源，终于完成上级交给我们的任务，炸掉了敌人弹药库。由于爆炸声音比较大，被敌人发现了，敌军派出比我军多10倍的兵力前来追赶，所以大家必须迅速撤退。可是在撤退的必经之路上，有一座铁链桥，狡猾的敌人撤掉了上面的木板，现在桥上仅剩下两根光滑的钢丝绳，桥下是凶险奔腾的河流，我们只有成功通过铁链桥才能得以生还。在通过的过程中任何人从上方掉落，立即牺牲。敌军将在30分钟之后赶到此地，30分钟之后没有通过的伙伴也将视为牺牲。我们的目标是在30分钟内团队中所有成员都必须安全通过铁链桥。

2. 以班级为单位，项目开始后，任何人均不能从钢丝绳上掉落，一旦掉落立即牺牲，牺牲的人员需要站在旁边的烈士墓园，在整个过程中不得提供任何帮助行为；所有队员必须站在铁连桥的起始端，不允许超过起点线，一旦有人超过，立即牺牲。

3. 项目操作时两人一组，双手十指相扣，每人脚踩一根钢丝绳，从铁链桥最窄的一端到最宽的一端，全程没有掉落表示该组成功通过。

4. 项目操作过程中，铁链桥每次仅能同时通过一组队员。

5. 项目计时从第一组开始，到最后一组通过后结束计时，最终对比两队的时间，用时最少且没有一人牺牲的一队获得最终的胜利。

6. 教师将记录牺牲的人数，由于这是一个团队合作的项目，所以每牺牲一人，团队罚做3个俯卧撑；牺牲两人，团队罚做6个俯卧撑；依次累加。

分享交流

1. 有的团体成员说很紧张，说明了什么？

2. 活动过程中是不是有时间过得很快、时间不够用的感觉？

3. 在项目开始前，团队队员有没有达成统一的意见或制订统一的计划、方案？如何制定的？在制订计划的过程中有没有争论？最终又是如何达成统一的？

4. 在统一的计划制订后团队又是如何贯彻、执行计划的？在执行过程中又有什么分歧？团队最终又是如何化解分歧达成统一的？

5. 当有一组队员失败后，这样的后果又会对后面几组队员有什么影响？这样的结果最终对团队又会有什么连锁反应？

注意事项

1. 在项目开始前让学生把钥匙、手机、帽子、发卡等硬物取下。

2. 注意观察团体成员的操作，及时记录过程中的一些细节，维持好现场的秩序。

3. 仔细询问团体成员的身体状况，如有高血压、心脏病、习惯性脱臼等疾病，教练有职责提醒他们不参加此项活动。

4. 项目操作过程中，两队互作保护，每组通过过程中派一名队员站在体验队员下端，弯腰做保护并随体验队员同时移动。

5. 活动中不得故意推挤，注意安全。如有意外情况，应及时向教师汇报，不应擅自用特殊方式解决。

拓展延伸

“共命”鸟

从前，在某个国家的森林内，喂着一只两头鸟，名叫“共命”。这鸟的两个头“相依为命”，遇事向来两个“头”都会讨论一番，才会采取一致的行动，比如到哪里去找食物，在哪儿筑巢栖息等。

有一天，不知为何一个“头”与另一个“头”发生了很大误会，造成谁也不理谁的仇视局面。

其中，有一个“头”想尽办法和好，希望还和从前一样快乐地相处。而另一个“头”则睬也不睬，根本没有要和好的意思。

如今，这两个“头”为了食物开始争执，那善良的“头”建议多吃健康的食物，以增进体力；但另一个“头”则坚持吃“毒草”，以便毒死对方才可消除心中怒气!和谈无法继续，于是只有各吃各的。最后，那只两头鸟终因吃了过多的有毒的食物而死去了。

在任何团队内，团队的每个组织之间的关系就好像是个大家庭，亲密是介于组织、团队成员之间的一条看不见的线，有了亲密感，才会有信任、牺牲和忠贞。

第六章 心理素质拓展高空项目

高空项目是心理素质拓展的经典项目，它具有非常强烈的挑战性和趣味性，同时一些项目也是激发团队融合的必需。高空项目有助于激发每个学生的潜能，同时促进团队建设。

项目一　高空跨越

“高空跨越”，也叫“断桥”。此项目是以个人挑战为主、团队建设为辅的项目。项目中，学生将克服自身限制，勇于尝试，在绝对安全的情况下挑战自我，在团队鼓励中完成项目。

项目目的

1. 培养学生认识自我、战胜自我、不断进取的精神。

2. 培养学生挑战自我、重新认识自我、自我控制、正确评估自我的能力。

3. 让学生了解自我激励和激励他人的重要性。

4. 培养学生抓住机遇、果断决策的能力。

项目准备

1. 器械

10.5mm主绳2条（一条用作桥上保护绳，一条用作备用）；O形锁2把（用于上方保护点）；扁带4条（其中两条是备份扁带，用作教师攀登自保）；D形锁6把；半身式安全衣一套，全身式安全衣三套；安全帽3顶（学生用无外沿安全帽）；整理箱1个。

2. 场地

在开始之前，检查场地（要求无尖锐石子、地面平整），安装好上方保护，并将学生和教师使用的器材准备齐全。

项目流程

1. 情境导入

在我们面前的是素质拓展八大经典项目之一——高空跨越。大家可以看到左右两块板的中间是断掉的，两块板中间的距离是1.2 ~ 1.4m。这个项目，我们的目标要求是让所有学生爬上8m的高空后，从一侧跳到另一侧，再从另一侧跳回来，要求学生完成两次跨越。最后介绍，由教师通过主绳慢放学生回到地面。

2. 动作要领介绍

两腿微曲，重心保持稳定，两脚前后站立，前脚掌稍微探出桥面约1/4；双手伸展开保持身体平衡（不可拉头后/身前主绳）；单脚起跳，单脚落到对面桥上；站稳后慢慢转身，再跳回来；跳回后不要转身，背对中间断口处，慢慢退至边缘，教师收紧背后主绳（若主绳在身前则面对断口处），而后学生慢慢后靠，先松开一只脚，保持稳定后慢慢松开另一只；两腿并拢并且保持弯曲，由教师慢慢将其放回到地面。

3. 注意事项介绍

（1）不允许助跑起跳。

（2）鼓励腾空起跳，但不允许迈步（避免进退两难）。

（3）跳跃过程中，不允许双手抓主绳。

（4）所有学生在整个过程中不能进入操作场地。

4. 安全护具与穿着要求介绍

（1）采取自我推荐与教师挑选相结合的方法（前几名宜男生优先，为女生做好榜样），挑选最先挑战项目的学生，后面的由队长自主安排顺序。

（2）介绍全身式安全衣、头盔的使用方法，并结合学生进行展示。

①主受力环在背后偏上，捋顺肩带、腿带，另一同学在身后帮助拿着安全衣；

②先穿腿带，再穿肩带，调节松紧，衣物全部勒入安全衣；

③头盔分清正反面，捋顺护带，戴上；调节内部调节器至大小合适；调节护带卡扣至大小合适；长发盘入头盔内。

（3）要求学生按要求穿戴完毕，安排专人负责检查安全器械和摘挂锁扣。

5. 安全监控介绍

（1）健康调查及摘除硬物（项目实施前，再次确认参加项目的学生中应无高血压、无颈椎、腰椎损伤等不适合参加项目的学生，再次检查是否摘除身上的所有硬物，防止高空坠物）。

（2）指定两名责任心强的学生，负责协助做项目的学生穿安全衣、戴头盔、连接O型扣并检查；待前一名做项目的学生回到地面后，下一名学生才能上去。

（3）教师应先检查设备和保护绳是否正常。

（4）挂上O型扣后，教师再次检查学生安全衣、头盔的穿戴情况。

（5）教师在保护攀爬过程中必须使用安全保护装置，也必须戴头盔。

分享交流

1. 回顾总结

让所有学生腾出双手，放在胸口，闭上双眼，我把刚才大家上断桥前后的一个过程跟大家描述一遍，让大家回想刚才的心理变化。

2. 分享记录

（1）同样的距离，在地面上跳过去非常容易，为什么到了8m高空就难了呢？是能力降低了吗？并不是，最大的敌人是自己，要勇于突破自我，并延伸：

① 突破个人心理障碍，不要自我设限，不要轻易说“不行”。每个人都蕴藏着极大的能力和潜力，不试永远不知道自己的能力，勇敢地跃出第一步，成功就离你不远了。

② 最大的敌人是自己。要有超越极限、挑战自我的勇气，要有勇于挑战的习惯，成功的机会就会多得多。

（2）恐惧是人的正常生理反映。有恐惧才有勇敢，如何克服恐惧？正视它、面对它。你越是逃避就越害怕，所以干脆大胆地面对它，对自己说：“我允许失败，但不允许逃避。”压力就像弹簧，你紧他缩，你松他弹。要主动调整心态，这样，当机会来临时，才能把握成功。

（3）回来时为什么跳得更轻松？——有了自信，敢于再次尝试了。如果没有第一跳，第二跳会怎么样？——勇于尝试是成功的第一步。

（4）想一下你认为最坏的结果是什么？是掉下去？是悬在空中？但无任何生命危险，那么你怕什么？我们做事一定要往最坏处考虑，往最好处去做，当你知道最坏的结果不过如此时，你还犹豫什么呢？调整好自己的心态，把你的注意力从结果调整到过程上来，只有正确的过程，才有理想的结果，挖掘出你的全部潜能。

（5）果断。当犹豫的学生站在断桥上在想什么？越想越觉得恐惧、越不安全？还是越想越放松？当人生中遇到重大危险急需勇气才能完成时，一定要果断。

（6）下面的伙伴积极正面的鼓励，会让上面犹豫的伙伴跳过去——团队积极正面鼓励的重要性。

（7）不想跳的学生，找各种各样的理由——自我设限。

（8）第一个学生为什么敢先跳？他是怎么想的？你是如何克服恐惧的？你采取了何种方式？

（9）同伴的表现对你有什么影响？同伴的鼓励对你有什么影响？高空跨越使你领悟到了什么？你取得了哪些进步？

注意事项

1. 善于察言观色，对有胆怯倾向的学生应及早给予鼓励，消除其顾虑，以使项目顺利进行。在完成二至三人后，采取自愿式或者点名调动女生，不要将她们全部留在最后。

2. 学生有以下情况应密切关注：对脸色苍白、呼吸特别急促、动作僵硬迟缓、两眼盯住木板不敢看其他地方、两腿颤抖、声称自己有心脑血管疾病及运动障碍和伤残的学生可测量其心跳；对有心脏病、高血压、脑血管疾病病史的学生，要不断询问其情况，不应强求。

3. 学生有以下情况应停止：对呕吐或者将要呕吐、两眼发黑不能视物、眩晕、无法站立、心跳超过140次/分钟的学生应立即停止；对有心脏病、高血压、脑血管疾病史，声称自己已无法坚持的学生应停止；如遇学生因个人原因强烈抵触，教师也不得强求其完成。

4. 仅仅因恐惧引起的畏缩不前，可采用以下方法：

让学生抓住固定物站立适应片刻；不断给其鼓励，坚定其信心，让其试着向前移动；让其试着在木板上轻轻跳动、跨跳，熟悉动作，消除恐惧；建议下方学生给其鼓励；让学生大喊“1、2、3，跳”……

拓展延伸

母亲的潜能

《读者》曾刊登一篇文章，写了这样一个故事：一个母亲下班回家时，在家楼下小路的路口处看到了自家幼女正爬出窗户玩。她还没来得及制止，女儿就失手掉了下来。于是，这位母亲就尽全力跑去接她女儿。非常幸运，她接到了，女儿毫发未损。而根据目击者证实和通过她女儿掉到地面的时间和她需跑过的路程计算，这位母亲当时的速度超过这年的百米短跑的世界记录。

相信自己：每个人的潜能是无限的，要相信自己，不断突破自己的极限！

项目二 高空抓杠

“高空抓杠”是一个高空个人挑战项目。此项目要求学生爬到8m高的圆柱站板上，奋力向前一跃，抓住前上方单杠。然后，在得到地面保护者确认后，再松手安全地返回地面。

项目目的

1. 培养学生挑战自我的精神和突破自我的勇气。

2. 培养学生自我战胜恐惧心理的能力，增强学生的胆量和毅力。

3. 增强学生面对困境的自我心理调节能力。

4. 培养和激发学生在临危状态下能够排除一切杂念与干扰，全神贯注在目标上。

5. 培养学生建立自信心，突破自我设限，开发个人潜能。

6. 让学生重新认识选择与机遇，学习在瞬间做出选择、把握机遇。

7. 让学生体验瞬间突破对于成功的重要性，开发自身潜能。

项目准备

1. 器械

10.5mm主绳2条（一条用作桥上保护绳，一条用作备用）；O形锁2把（用于上方保护点）；扁带4条（其中两条是备份扁带，用作教师攀登自保）；D形锁6把；半身式安全衣一套，全身式安全衣三套；安全帽3顶（学生用无外沿安全帽）；整理箱1个。

2. 场地

在开始之前，检查场地（要求无尖锐石子、地面平整），安装好上方保护，并将学生和教师使用的器材准备齐全。

项目流程

1. 情境导入

在我们面前的是“高空抓杠”。这个项目要求所有学生爬上8m的圆柱形站板后，双脚尽量往前移动，脚尖伸出站板，双手向前上方伸出，双脚起跳，双手抓杠。最后由教师通过主绳慢放学生回到地面。

2. 动作要领介绍

两腿微曲，重心保持稳定；两脚并立，前脚掌稍微探出圆柱约1/4；双手向前上伸，两脚起跳，两手抓杠。抓住后，听从教师口令，教师收紧背后主绳，先松开一只手，使身体稳定后再松开另一只手，两手抓胸前肩带，两腿并拢并且保持弯曲，由教师慢慢下放回到地面。

3. 注意事项介绍

（1）剪掉长指甲，去掉身上尖锐、坚硬物品。

（2）要奋力向前上跃出，而不是直直往上跳。

（3）不能抓绳（绳子在背后，如果抓绳就会形成反关节动作，也可能导致失去平衡摔离跳台）。

4. 安全护具与穿着要求介绍

与“高空跨越”项目相同。

5. 安全监控介绍

（1）疾病史：学生有严重的头、颈、肩、腰、背、骶等部位伤病史或有严重心脑血管疾病、习惯性脱臼、低血糖等病史的可不做此项目。

（2）如遇学生因个人原因强烈抵触，教师不得强求其完成。

（3）教师应亲自为学生检查安全带、头盔，并摘、挂铁锁。学生向上攀爬时，速度不可过快（攀爬过快教师来不及收绳），注意及时正确地收绳；学生下降时，教师站在学生快到地面时慢放。

（4）训练架正下方严禁站人，注意提醒学生严禁用脚踩绳索。

（5）按安全培训要求检查学生全身式安全带穿戴是否正确。

（6）要不断提醒学生不要抓保护绳索及铁锁。

（7）不允许留长指甲，长发必须盘入头盔。

分享交流

1. 在平地是否做得到？最艰难的是哪一步？是如何做的？当时是如何想的？现在做完后又是怎样看这一过程的？为什么能抓住单杠？

要点：不进则掉；目标明确；表率的作用；不断尝试不同的角色（上单杠、主保护、副保护等）有利于换位思考；经验分享的重要；遇到突发事件的处理：面对、调整、冷静。

2. 个人遇到困难、挑战时，团队有没有发挥作用，体现在哪里？（保护、加油、压力、经验、下面同伴的提示）

3. 机会稍纵即逝，如果不能及时把握，就会失去机会。

4. 无论后退是多么舒适，但要克服恐惧、建立自信、肯定自己，坚信我一定行，不要轻易说我不行，要给自己正确的心理暗示。往后退很容易，往前跳很难，但一定要克服恐惧。我们不知道我们能否做到，或潜意识里认为一定做不到，但不尝试，没有人知道你能不能。独立面对挑战，不能给自己借口。是你战胜恐惧还是恐惧战胜你。罗斯福说过：“人类最该恐惧的事情是恐惧本身。”往后退是很舒适的，俗话说：退一步，海阔天空，但我们拓展训练讲的是前进一步，前景无限。

5. 第一个学生为什么敢于先上？他是怎么想的？

6. 当你站在8m高的平台上准备跳出的时候，心里是怎么想的？

7. 当你感到害怕时，你是如何克服恐惧的？

8. 在挑战自我时，你做了些什么来战胜自我和控制自我？

9. 在平地一瞬间就可以完成的动作，为什么到了高台却困难重重，是什么在阻碍你呢？

10. 同伴的表现对你有什么影响？同伴的鼓励对你有什么影响？

注意事项

教师必须时刻高度关注抓杠的学生，从其登高台开始就必须随时注意收紧保护绳，让保护绳处于不会带动或牵制被保护者的身体但又不松弛的状态。同时，始终保持弓步和重心下移。当学生下降放手的瞬间，迅速向后撤一大步，并及时而迅速地放主绳。

拓展延伸

罗森塔期望定律

著名心理学家罗森塔在美国很多小学都做了这样一个试验：在对一些孩子做过智力测试后，对几个平时成绩很差的孩子说他们是智力超群的小天才，并通过老师反复地以此鼓励他们。于是，这几个孩子对自己有了信心，并开始努力学习，一个学期后都获得了突出的成绩。但实际上，这几个孩子只是罗森塔故意从成绩倒数的孩子中挑选出来的，并非真正的天才。同一个试验在不同的学校都得出了类似的结果，心理学家把这种现象称之为罗森塔效应。

罗森塔效应说明：当人得到持久的深厚的期望后，会因受到激励而增强自信心，并依靠这种心灵的力量逐渐获得成功。

项目三　垂直天梯

“垂直天梯”，又叫“巨人梯”。此项目是一个高空挑战性团队项目，要求学生两两一组，在不借助器材的情况下，通过团队协作的方式徒手攀爬到天梯最高层。然后，在得到地面保护者确认后，松手安全返回地面。

项目目的

1. 增强学生人际间信任感。
2. 培养团队合作精神和协调能力。
3. 增强学生的胆量，培养勇攀高峰的信心和解决问题的能力。
4. 让学生认识到克服心理障碍、战胜自我对实现目标的重要性，并建立自己一定能成功的信念。
5. 让学生体会到阶段性目标对于实现最终目标的重要性。

项目准备

1. 器械

10.5mm主绳3条（两条用作桥上保护绳，一条用作备用）；O形锁4把（用于上方保护点）；扁带6条（其中两条是备份扁带，用作教师攀登自保）；D形锁6把；半身式安全衣一套，全身式安全衣4套；安全帽4顶（学生用无外沿安全帽）；整理箱1个。

2. 场地

在开始之前检查场地（要求无尖锐石子、地面平整），安装好上方保护，并将学生和教师使用的器材准备齐全。

项目流程

1. 情境导入

在我们面前的是“垂直天梯”，又叫“巨人梯”。这个项目我们要求两两一组，目标是两人通过团队协作的方式攀爬到最高层。在这个过程中，大家身体的一部分可以成为同伴攀登的阶梯，同伴的手臂也可以成为自己攀登时借力的绳索。各位是否明白？

2. 动作要领介绍

学生两两一组，徒手向上攀登（不可拉拽连接铁链），通过踩、拉、扶的方式（学生身体的一部分可以成为同伴攀登的阶梯，同时同伴的手臂也可以成为自己攀登时借力的绳索）合作登上所有横木。

攀爬范围在两根钢缆之间。在攀爬过程中，不允许拉拽背后的保护绳及两边的钢缆；采用“踩”的方式时，注意不能踩反关节，不能踩颈部、头部等关键部位；采用“拉”的方式时，请和同伴双手打“生死结”。

3. 注意事项介绍

（1）剪掉长指甲，去掉身上尖锐、坚硬物品。

（2）可以踩大腿、肩膀等部位。

（3）不能抓绳（绳子在背后，如果抓绳就会形成反关节动作，也可能导致失去平衡）。

（4）做好全身性的准备活动，重点做好四肢各关节的准备活动。

4. 安全护具与穿着要求介绍

与“高空跨越”项目相同。

5. 安全监控介绍

（1）学生有严重的头、颈、肩、腰、背、骶等部位伤病史或有严重心脑血管疾病、习惯性脱臼、低血糖等病史的可不做此项目。

（2）如遇学生因个人原因强烈抵触，教师不得强求其完成。

（3）教师应亲自为学生检查安全带、头盔，并摘、挂铁锁。

（4）训练架正下方严禁站人，注意提醒学生严禁脚踩绳索。

（5）要不断提醒学生不要抓保护绳索及铁锁。

（6）不允许留长指甲，长发必须盘入头盔。

分享交流

1. 如果只有你一个人，能上去吗？

要点：在合作伙伴不确定的情况下，我们首先要养成一种与人协作的意识。与人协作的重要原则就是各献所长。

2. 如果不把同伴拉上来或者拖上去，你能上得更高吗？

3. 同伴的表现对你有影响吗？

要点：最终目标的达成往往不是直接性的和一步性的，而需要通过跨越阶段性目标来实现。

4. 为什么第一组队员用的时间特别长？队友的经验分享对你有帮助吗？我们是如何掌握攀爬技巧的？

要点：成功的人找方法，失败的人找理由；渐进式学习，学到的经验不一定适合自己，一定要再摸索。

5. 第一组学生为什么敢于率先攀爬？他们是怎么想的？

6. 先攀爬的小组有哪些经验学习？你们小组贡献了哪些有价值的经验？

7. 你们是如何克服途中的困难的？在挑战自我中，你做了哪些努力？

8. 在整个攀爬过程中，哪个细节让你最难忘或最有感触？为什么？

9. 同伴的表现对你有什么影响？同伴的鼓励对你有什么影响？

注意事项

1. 注意控制项目时间，对于每一组学员，如有困难时，建议予以指导（如：一个人踩着另一个人的腿先上去，然后两个人站在同一条垂直线上，下面的人再抓住上面人腰间的安全带上去）。

2. 对于严重超时的学员，应进行特别的心理辅导和施加必要的心理压力（例如，发动其他人鼓励他坚持到底就一定能到顶，或者对他说：“别人都能上去，你为什么不行”?!）。

3. 对于没有信心攀爬到顶的学员，既可给他设定一些阶段性目标（比如“你至少应该爬到第三根”），还可给他施加心理压力（比如，“我们大家都在下面看着你，你怎么也不能半途而废吧!”）。

4. 注意烘托团队气氛，发动队员之间的鼓励和关注。

5. 下降时，安排队员扶住最后一根横木以防止天梯晃动伤人。

拓展延伸

在远古的时候，上帝在创造着人类。随着人类的增多，上帝开始担忧。他担心因人类的不团结，会造成世界大乱，从而影响了他们稳定的生活。为了检验人类之间是否具备团结协作、互助互帮的意识，上帝做了一个试验：他把人类分为两批，在每批人的面前都放了一大堆可口美味的食物，但是，却给每个人发了一双细长的筷子，要求他们在规定的时间内，把桌上的食物全部吃完，并不许有任何的浪费。

比赛开始了，第一批人各自为政，只顾拼命地用筷子夹取食物往自己的嘴里送，但因筷子太长，总是无法够到自己的嘴，而且因为你争我抢，造成了食物极大的浪费。上帝看到此，摇了摇头，为此感到失望。

轮到第二批人开始了，他们一上来并没有急着用筷子往自己的嘴里送食物，而是大家一起围坐成了一个圆圈，先用自己的筷子夹取食物送到坐在自己对面人的嘴里，然后，由坐在自己对面的人用筷子夹取食物送到自己的嘴里。就这样，每个人都在规定时间内吃到了整桌的食物，并丝毫没有造成浪费。第二批人不仅仅享受了美味，从此，还获得了更多彼此的信任和好感。上帝看了，点了点头，为此感到希望。

团队合作：在团队里，你的不足有人会补上，你也会为他人伸出坚实的臂膀。团队精神必不可少，团队让我们强大！

项目四　勇闯天涯

“勇闯天涯”，又叫“攀岩”。此项目是一项高空个人挑战项目，要求学生在穿戴保护装置后，从底端攀爬登顶。攀岩者通过团队和个人努力登顶后，必须在得到地面保护者的确认后，才能松手，同时由教师慢放主绳，安全返回地面。

项目目的

1. 锻炼个体的耐力、爆发力和意志力。

2. 培养身体各部分的协调性，增强体能和智力。

3. 增强学生的胆量，培养勇攀高峰的信心和解决问题的能力。

4. 让学生认识到克服心理障碍、战胜自我对实现目标的重要性，并建立自己一定能成功的信念。

5. 让学生体会到阶段性目标对于实现最终目标的重要性。

6. 增进团队合作，融洽团队气氛。

7. 开发个体的潜能。

项目准备

1. 器械

10.5mm主绳3条（两条用作上方保护绳，一条用作备用）；O形锁4把（用于上方保护点）；扁带6条（其中两条是备份扁带，用作教师攀登自保）；D形锁6把；半身式安全衣一套，全身式安全衣4套；安全帽4顶（学生用无外沿安全帽）；整理箱1个。

2. 场地要求

在开始之前，检查场地（要求无尖锐石子、地面平整），安装好上方保护，并将学生和教师使用的器材准备齐全。

项目流程

1. 情境导入

在我们面前的项目是“勇闯天涯”。这个项目是素质拓展八大经典项目之一。项目的最终目的是攀爬登顶。在攀爬登顶过程中，大家会碰到困难，会觉得上不去，也会竭尽全力，但是能不能突破自身极限，能不能做到之前自己觉得不可能完成的任务，这就是这个项目的目的所在。各位是否明白？

2. 动作要领介绍

学生遵循攀岩基本原则徒手向上攀登（不可拉拽背后绳索），并在攀爬过程中不断寻找路径，竭尽全力攀爬登顶。

在攀爬过程中，应遵循“三定一动”攀岩基本原则，身体尽量贴紧墙壁，两腿外旋，大脚趾内侧贴近岩面，两腿微屈，膝部不要贴到岩壁。同时，不允许拉岩壁边缘，不允许伸手拉背后主绳。

3. 注意事项介绍

（1）剪掉长指甲，去掉身上尖锐、坚硬物品。

（2）不能抓绳（绳子在背后，如果抓绳就会形成反关节动作，也可能导致失去平衡）。

（3）攀爬时手指的抓力和脚掌的蹬力同时发力，身体紧贴岩壁向上，重心降低。注意用力恰如其分，同时注意体力的合理分配，不要盲目追求速度。

（4）带领学员做好全身性的准备活动，重点做好四肢各关节的准备活动。

4. 安全护具与穿着要求介绍

与“高空跨越”项目相同。

5. 安全监控介绍

（1）学生有严重的头、颈、肩、腰、背、骶等部位伤病史或有严重心脑血管疾病、习惯性脱臼、低血糖等病史的可不做此项目。

（2）如遇学生因个人原因强烈抵触，教师不得强求其完成。

（3）教师应亲自为学生检查安全带、头盔，并摘、挂铁锁。

（4）攀岩者正下方严禁站人，注意提醒学生严禁用脚踩绳索。

（5）要不断提醒学生不要抓保护绳索及铁锁。

（6）不允许留长指甲，长发必须盘入头盔。

分享交流

1. 强调自愿进行，鼓励胆大者先行，带动其他人参与；强调重在参与，挑战自我，鼓励和引导小组成员尽自己的努力攀到高处。

2. 在所有人尝试一遍以后，可鼓励参加者挑战个人新高。

3. 项目后进行讨论，焦点在于：

（1）谁敢第一个尝试？他当时是怎么想的？

（2）爬到什么时候你感到最困难？你当时是怎么想的？又做了些什么？结果如何？

（3）同伴的表现对你有什么影响？同伴的鼓励对你有什么影响？

（4）这个项目让你感悟到什么？有什么心得？

（5）从这个项目获得的经验，对自己今后的生活、学习或工作有什么借鉴意义？

4. 借助上面的讨论，引导参与者在克服困难、自我挑战、锻炼毅力、团队合作方面有所领悟。

注意事项

1. 注意在整个过程中不断鼓励学生，并在适当的时候可以给向上攀爬学生力量，帮助其克服困难。

2. 注意烘托团队气氛，发动队员之间的鼓励和关注。

拓展延伸

挑战自我

人的一生会有困难
笑看它也是其中一部分
面对生活很多不可能
只要敢拼敢闯
奇迹就会出现
把别人成功当做思考
把别人的失败当经验
化险为夷，扭转乾坤
自有我人生一套
只求一次公正不多问
谁能挡得住自我挑战的人
纵然再大的难
也要去面对
输输赢赢只是一个名分
那是人生一种态度
是是非非自有公论
只求做到堂堂正正
来来去去人生理论
谁是谁非自有公论
只求做到问心无愧
成也好，败也罢
关键取决于自己
那是人生的责任
面对自己的挑战
面对自己人生

项目五　云中漫步

“云中漫步”是团队互动与个人挑战项目。地面由学生通过绳子固定木板，配合空中行走的学生安全通过。通过项目活动，提升团队集体荣誉感、凝聚力和合作精神，认知自我在团队中的角色定位，更加融洽地和团队合作，培养同学间的感情，消除障碍，营造出融洽的组织气氛。

项目目的

1. 增强学生克服困难、难题的勇气和挑战精神。

2. 改善学生的人际关系，学会关心他人。

3. 让学生突破自己的心理障碍，勇敢迈出第一步。

项目准备

1. 道具：架台。

2. 教师保护和学生保护设备：头盔（3个）、全身防护带（2个）、半身防护带（2个）、手套（2副）、D型主锁（5把）、8字环（2个）、主绳动力绳（2条）。

3. 分组：每组10～15人为宜。

项目流程

团队中的每个学生依次站在6m左右高的平台上，穿越由3块悬挂在空中晃动的木板。地面由一部分学生通过绳子固定木板，配合上面行走的学生安全通过。

分享交流

1. 学会相互合作、彼此取长补短。

2. 在合作中坦诚地帮助他人，并从他人处获取帮助。

3. 个人的成功离不开团队成员的帮助和支持。

4. 培养战胜困难的决心和信心。

5. 哪些因素增加了实际目标的难度?

6. 如何将这个项目和我们的实际工作联系起来?

注意事项

1. 三重检查原则:安全装备(安全带、头盔)要学生自查、队长复查、教师检查。

2. 在学生下降前,背向保护教师要双手扶胸前安全带蹲下,直至单手可碰到横木并保持平衡时松开双脚,再用双手扶横木保持平衡,同时教师收紧保护绳。

3. 学生中有上肢及腰部受过伤的,有心脏病、高血压的,以及有严重恐高症的,不能参加此项目。

4. 项目过程中,教师和学生始终都要处于被保护状态,安全带必须打反扣并戴好安全帽,丝扣锁或钢锁锁紧后应反半扣,锁的开口方向向内。

5. 为了学生的安全,必须按教师的指导来做项目。在没有教师的指导下,学生不得私自攀爬训练架和做具有危险性的动作。

拓展延伸

上去的勇气

把勇气转一个方向,会有不一样的结果。

户外展能训练是一种设在户外的新兴体验式训练,它通过高空和地面的各种活动,来训练参加者的团队精神、人际沟通、自我超越等方面的素质。

“跳出真我”是户外展能训练中的一个高空项目。它要求参加者爬上一个数米高的柱子,然后跳下来,去击打前面代表人生或者事业目标的红球。

它最难的地方就是在爬上柱子顶部前的最后一两步。因为,四周没有什么可搀扶、支撑的。在地面生活惯了的人们,往往会感觉心里很不踏实、空荡荡的。

如果是在地面完成这个动作,相信大家都没问题。当高度不同的时候,人的心态就会发生变化。

教师曾经目睹一个女孩子,爬到中途就不敢上去了。在犹豫了几分钟之后,她想从原路爬下来。尽管明知道身上系着保险绳,尽管曾经看见其他人成功地完成,尽管同伴们在下面不停地鼓励,她还是克服不了内心的恐惧。

看见她往下爬,教师在下面喊到:“你除了下来之外,还有什么选择呢?”

其实,我们仔细想一想,上去需要勇气,下来又何尝不需要勇气呢?

下来,意味着承认自己失败,意味着辜负了同伴们的鼓励,意味着……上去和下来,同样需要付出代价,但结果却完全不同。我们为什么不把向下的勇气转一个方向,让自己去获得成功呢?

在生活中也是这样,与其把时间、精力用来逃避、用来收拾残局、用来为自己的失败辩解、开脱,不如用来克服困难,让自己成功、让自己胜利。

安全篇

AN QUAN PIAN

心理素质拓展的安全与急救

第七章

第一节　心理素质拓展的风险与安全

一、心理素质拓展的风险

拓展中的风险是指在拓展活动中存在或潜在造成伤害的可能性。风险的存在是客观事实，我们必须认识到风险的存在，才能努力地将它降至最低。对于学校开展的以场地活动为主的项目，尤其是熔炼团队为主的低风险项目，从人身的安全角度来说是比较安全的。

首先，学校课程设置时要对风险进行说明，在教学大纲和选课说明中标注有风险的活动项目，让参选课的学生了解风险的存在，这符合拓展“挑战基于选择”的理念，也是参与素质拓展活动的正确态度。

对于活动中的风险，按照传统理解可分为“未知风险”和“已知风险”。对于风险的最好选择是“防患于未然”，但没有人能确保万无一失。因此，学校应对学生进行安全教育，并制订相关的应急预案。安全教育与安全预案是减少事故损失的基础，教师多次演练也是非常重要的。一旦出现意外，教师可以按照提前制订的预案结合实际情况，将事故造成的危害降到最小，同时妥善处理发生的事故，并组织研讨，为避免再次出现同样的事故积累经验。

二、心理素质拓展的安全

拓展活动中没有绝对的安全，这是参加拓展活动的人必须明白的。尽管参加心理素质拓展学生的自身安全问题在大多数情况下都能得到保障，但是拓展中的安全隐患还是一直存在的。因此，在学校开展素质拓展课程时，应对安全问题给予高度重视。尤其开展高空项目时，必须有专业老师在场保护才能进行。拓展中安全的概念是“没有100%的安全，只有100%的保护”。

拓展中所指的安全不单指身体的安全，而是多方位的安全，具体包括以下几个方面。

（一）身体安全

身体安全就是要保护学生的身体不受伤害，没有意外伤害情况的发生。

（二）心理安全

心理安全就是学生在参与素质拓展活动中不造成消极的、负面的心理影响，即学生能够接受的、能够承受的最大的心理压力。

（三）行为安全

行为安全就是按照自愿选择风险的原则，不强迫学生做违反意愿、道德、法律等方面的活动。

（四）器械安全

器械安全就是确保素质拓展活动中的器械与活动道具安全可靠。首先，器械和活动道具的选用要符合行业安全标准；其次，器械和活动道具要做到定期安全检查，而且在每次使用前都要对其进行必要的安全检查。

安全意识培养是素质拓展中非常重要的部分，是从意识深处认可素质拓展的安全操作规范，再将其融入到日常生活习惯之中，并以此获得素质拓展更高的附加价值。

三、心理素质拓展的风险选择

风险的存在是素质拓展的魅力之一，尤其是参与者战胜脆弱、战胜风险、重归安全时的感觉是非常美妙的。在风险中获得重新认识自己的机会，在平淡的生活中多一些全新的刺激，这是我们喜爱素质拓展的原因之一，并且吸引着越来越多的人参与其中。

适当地加入风险因素是素质拓展开展的基础设计，对于参与者来说，过大的冒险可能导致危险的后果，甚至会有灾难性事件发生。但是毫无风险的活动，也只是休闲娱乐或者是团队管理游戏，失去了素质拓展的初衷——对个人挑战能力的培养。即便是设定目标为培养团队精神，但缺乏危机应对与风险挑战的团队精神也只能是“假象的团队精神”。如果参加有挑战性的素质拓展活动，需要把握安全尺度，争取将活动的设计与实施安排在合适的安全区域内，这样不仅能够让参训者获得适当的冒险体验，而且还能够很好地管控风险。大卫·霍普金斯在《在冒险中成长》一书中写到，参加具有冒险性活动，只有参与者的能力与风险匹配时，才能更好地从中学习。

学生对风险项目的选择要与教师充分沟通，全面理解活动中的安全事项，必要时要请专业人士进行评估，从而选择出最适合自己的项目。在课程实施时，要根据活动的特征按照团队与学员当时的挑战能力，在一定的范围内对项目的难度随时进行调节，让参训者得到一次满意的体验。正如一顿美餐一样，既能吃饱又觉得可口的，这才是风险与安全的最佳博弈。

素质拓展中没有绝对的安全，也没有人能够确保万无一失。在一个高风险的行业里，偶尔的事故出现是难以预料的“必然”，但我们不能为此因噎废食、望而却步。对此，思想上不必过于紧张，正确对待发生的各种事故，按照应急预案及时处理、及时上报，事后认真分析、好好总结，在经验教训中前进，以取得更好的发展。

第二节　心理素质拓展的风险管理和安全管理

一、心理素质拓展的风险管理

素质拓展的风险管理是通过理论研究和实践分析找出拓展活动中风险的特性和规律，采用相关的手段规避和处理风险，将风险的损失降低到最小的同时获取最大利益的管理过程。风险管理是一门新兴学科，其管理对象是风险。风险管理是通过风险识别、风险估测、风险评价使风险损失达到最小化，使其处在人们“可以接受的”范围内，或者将风险挡在转化为事故的门外。这种可接受范围内的风险是相对而言的，会因为人们不同的世界观和价值观而被选择性地接受。风险管理是一项有目的的管理活动，只有目标明确，才能起到有效的作用。否则，风险管理就会流于形式，没有任何实际意义。如何处理风险并在风险之外进行活动，是学校开展素质拓展所不能回避的问题。

（一）规避风险，防患于未然

教师应对项目的难度和风险进行分析，找出活动中风险较大的部分进行监控，同时，应指导学生立即停止即将出现的不可控的风险，避免风险转化为事故。例如，在“毕业墙”活动中，施救最后一位同学有多种方式，但是如果出现拉着一位同学的脚踝让他去连接地面上的学生的情况，教师一定要及时叫停，因为这种施救方式存在极大的风险，在活动中是不允许出现的。

（二）将风险的危害最小化

风险是一直存在的，我们要做的就是尽量降低危险发生的可能性，将不可避免的风险最小化，通过合理的风险管理手段使其结果达到人们可以接受和理解的范围。例如，“信任背摔”项目中，学生倒向“人床”的过程中会产生一定的冲击力，如果“背摔”的学生不能调整好自己的姿势或“人床”中有一人或多人因为害怕而松手，就会导致事故的出现。因此，教师在活动进行前一定要做好学生们的心理工作，避免因为一时的害怕做出保护自己的动作而伤害到其他同学。

（三）利用风险管理使活动利益最大化

在安全的边缘进行挑战是参与者经历的一个方面，努力地将风险转化为安全才能获得成功的体验。素质拓展都制定有一定的安全准则，但不能完全保证人们的安全，真正的安全不是通过墨守成规来实现的，而是要在不同的情况下学会随机应变，根据不同的环境因素制订不同的行动方案。因此，灵活运用“安全预案”对应对风险是非常重要的。

二、心理素质拓展的安全管理

安全管理是管理科学的一个重要分支，它是为实现安全目标而进行的有关决策、计划、组织和控制等方面的活动，主要运用现代安全管理原理、方法和手段去分析和研究各种不安全因素，并从技术上、组织上和管理上采取有力的措施，解决和消除各种不安全因素，防止事故的发生。素质拓展从导入（宣讲安全注意事项）到活动结束，每个环节和每个项目的安全内容都应该占有一定的比例，并且是优先考虑的问题。因为素质拓展是户外活动，风险随时都存在。为了防止安全事故的发生，应该在活动进行过程中严格按照安全原则执行。

（一）安全意识

参加素质拓展的教师和学生必须要有100%的安全理念，每时每刻都把安全放在第一位。在每一次培训活动前，素质拓展教师必须进行精密的安全准备，尤其是在高空项目中，只有通过安全保护考核的教师才能参与。素质拓展教师要严格依照安全程序指导监控训练的全过程，从本质上消除危险隐患，做到真正的安全。总之，要让安全成为素质拓展教师的一种工作规范和思维方式，因为安全与不安全之间没有过渡，只要踏出100%的安全一步就会进入100%的不安全。

（二）安全原则

只有做到安全管理以下三个方面，即消除物的不安全状态、杜绝人的不安全行为、控制不安全环境因素，才能最大限度地确保安全。因此，在素质拓展中要遵循以下几个安全原则。

1. 双重保护原则

素质拓展课程在设计时，所有需要有安全保护措施的项目都必须进行双重保护演练，应确保其中的任意一种保护措施都足以保护学生的安全。

2. 器械备份原则

素质拓展中任何需要器械保护的项目，都必须配置备份器械，确保安全的万无一失。

3. 多次复查原则

所有的安全保护在准备完成后都要再复查一遍，消除操作失误的可能性。

4. 全程监控原则

拓展教师应对项目中可能遇到的安全问题进行全程监护，将任何隐患消除在萌芽中。

5. 自愿参与原则

按照“挑战基于选择”的原则，教师不得强迫学生参加某些高风险活动，由学生自己判断和选择是否参与，避免造成不必要的事故。

（三）安全要求

1. 心理要求

素质拓展项目是本着“体能冒险最小、心理超越最大”的原则来设计整个培训课程的，所以参训学生无须有超强体能，只需在参训期间心理尽量放松并积极主动参与各项活动，尽自己最大的努力完成各种培训项目。

2. 健康要求

以下状况将不被接受训练申请：

（1）患有严重的心脏疾病、高血压、哮喘等易突发性疾病者。

（2）患有急性传染病及其他不适于参加公众活动的疾病者。

（3）近期做过重大手术者。

健康状况如因个人隐瞒而出现事故，后果自负；如患有腰、颈椎疾病等其他疾病需在项目开始前与老师进行沟通，酌情进行调整。

3. 出行要求

（1）在规定的时间到达指定集合场地。

（2）按照规定穿戴训练服装，或者适宜参加项目的服装。

（3）根据天气预报，结合自身身体状况酌情携带、调整衣物。

（4）根据自身情况携带私人药品。

（四）拓展器械的安全

由于素质拓展的一部分场地课程要求学生在空中完成攀登、跳跃、行进、下降等动作，为了确保学生安全，所使用的保护装备均应为标准的专业器材，保护装备主要包括：登山绳、安全带、铁锁、下降器、上升器、头盔等。所有素质拓展器材都必须达到安全标准，如登山器材选用至少应遵循以下两个标准中的一个：UIAA（国际登山联合会标准）和CE（欧洲标准），而绳索和头盔则必须要求有UIAA的认证。

第三节　心理素质拓展的急救措施

素质拓展虽然有一定的保护措施，但风险依然是存在的。在事故发生时，我们不能单纯地等待医护人员到现场抢救，我们每个人都应该学会止血、包扎、固定、搬运的方法和技巧，掌握自救和互救知识。只要抢救及时、正确、有效，就能最大限度地减少伤员的痛苦。下面对素质拓展中可能发生的意外和急救措施进行详细介绍。

一、流血

在素质拓展中最常发生的意外伤害就是皮肤破损造成的轻微流血。发生这种意外时，只需按紧伤口约5分钟即可止血。如果流血持续超过5分钟，或者多次按住伤口5分钟后都未能止血，则会令伤者有潜在的生命危险，需及时送医院进行救治。根据观测出血情况可以分为外出血和内出血两种。

（一）外出血和内出血

外出血，是因皮肤损伤向体外流出血液且可以看见出血的现象。

内出血，是由于深部组织和内脏损伤，血液由破裂的血管流入组织或脏器、体腔内，从体表看不见血。当失血量达全身血量的20%以上时，则会出现休克症状，即脸色苍白、口唇青紫、出冷汗、四肢发凉、烦躁不安或表情淡漠、反应迟钝、呼吸急促、心慌气短、脉搏细弱或摸不到、血压下降或测不到。

（二）止血方法

1. 指压止血（压迫止血）

指压止血是一种简单有效的临时止血法，多用于头部、颈部及四肢的动脉出血。用手指在伤口上方（近心端）的动脉压迫点上，用力将动脉血管压在骨骼上，中断血液流通达到止血目的。指压止血是较迅速有效的一种临时止血方法，止住出血后，需立即换用其他止血方法。

（1）颞动脉止血

用拇指或食指在耳屏前稍上方正对下颌关节处用力压，多用于头顶及颞部的出血。

（2）颌外动脉止血

用拇指或食指在下颌角前约半寸处，将颌外动脉压在下颌骨上，多用于腮部及面部的出血。

（3）颈总动脉止血

把拇指或其余四指，放在气管外侧（平甲状软肌）与胸锁乳突肌前缘之间的沟内，可触到颈总动脉，将伤侧颈总动脉向颈后压迫止血。适用于头、颈部大出血。此法非紧急时不能用，禁止同时压迫两侧颈总动脉，防止脑缺血而昏迷死亡。

（4）锁骨下动脉止血

拇指放在锁骨上凹摸到动脉搏动处，其余四指放在受伤者颈后，用拇指向凹处下压，将动脉血管压向深处的第一肋骨上止血。适用于腋窝、肩部及上肢的出血。

（5）尺桡动脉止血

将伤者手臂抬高，用双手拇指分别压迫于手腕横纹上方内、外侧搏动点（尺桡动脉）止血。适用于手部出血。

（6）肱动脉止血

将上肢外展外旋，曲肘抬高上肢，用拇指或四指在上臂肱二头肌内侧沟处，施以压力，将肱动脉压于肱骨上，即可止血。适用于手、前臂及上臂下部的出血。

（7）股动脉止血

在腹股沟中点稍下方，大腿根处可触摸到一个强大的搏动点（股动脉），用两手的拇指重叠施以重力压迫止血。适用于大腿、小腿、脚部的动脉出血。

（8）足背动脉和胫后动脉止血

用两手食指或拇指分动压迫足背中间近脚踝处（足背动脉）和足根内侧与内踝之间（胫后动脉）止血。适用于足部出血。

（9）指动脉止血

将伤指抬高，可自行用健侧的拇指、食指分别压迫伤指指根的两侧。适用于手指出血的自救。

2. 加压包扎止血

先用消毒纱布垫覆盖伤口，然后用棉花团、纱布卷或毛巾、帽子等折成垫子，放在伤口敷料上面，再用三角巾或绷带紧紧包扎，以达到止血目的为度。伤口有碎骨存在时应禁用此法。适用于小动脉、静脉及毛细血管出血。

外伤急救时，常常需要包扎伤口。及时妥善地包扎好伤口，既可以压迫止血、减少感染、保护伤口和减轻疼痛，同时，也能起到固定敷料和夹板的目的。包扎材料有：急救包、三角巾、绷带、四头带等。包扎时需要注意以下几点：

（1）快。发现检查和包扎伤口的动作要快。

（2）准。包扎部位要准确。

（3）轻。包扎动作要轻，不要碰压伤口，以免增加伤口流血量和疼痛感。

（4）牢。包扎牢靠、松紧适宜，打结时要避开伤口和不宜压迫的部位。

（5）细。处理伤口要仔细。

当救护者找到伤口后，要先将伤者的衣服解开或脱掉，在紧急情况或寒冷情况下，可将衣服剪开，以充分暴露伤口。如果伤口中有异物，不可随意取出，以防引起出血。在条件允许的情况下，伤口周围可用酒精或碘酒消毒，接触伤口面的敷料必须要保持无菌，防止加重感染。

3. 加垫屈肢止血

（1）前臂或小腿出血，可在肘窝或腘窝处放上纱布垫、棉花团、毛巾或衣服等物，屈曲关节，用三角巾或绷带将屈曲的肢体紧紧缠绑起来。

（2）上臂出血，在腋窝处加垫，使前臂屈曲于胸前，用三角巾或绷带把上臂紧紧固定在胸前。

4. 止血带止血

多用于四肢较大动脉的出血。用其他方法不能止血或伤肢损伤无法再复原时，才可用止血带止血。因止血带易造成肢体残疾，故使用时要特别小心。止血带有橡皮制止血带和布制止血带两种。如果没有止血带时，也可用宽绷带、三角巾或其他布条等代替以备急需。

（1）橡皮止血带止血

先在缠止血带的部位（伤口的上部）用纱布、毛巾或受伤者的衣服垫好，然后以左手拇指、食指、中指拿止血带头端，另一手拉紧止血带绕肢体缠两圈，并将止血带末端放入左手食指、中指之间，再拉回固定。

（2）就便材料绞紧止血

在没有止血带的情况下，可用手边现成的材料，如三角巾、绷带、手绢、布条等，折叠呈条带状缠绕在伤口的上方（近心端），缠绕部位用衬垫垫好，用力勒紧后打结。在结内或结下穿一短棒，旋转此棒，使带绞紧，至不流血为止，再将棒固定在肢体上。

（3）用止血带止血的注意事项

止血带止血法是大血管损伤时救命的重要手段，但用得不当，也可出现严重的并发症，如肢体缺血坏死、急性肾功能衰竭等。因此，必须注意以下几点：

①止血带不能直接缠在皮肤上，必须用三角巾、毛巾、衣服等做成平整的垫子垫上。

②上肢避免绑扎在中1/3处，因为此处易伤及神经而引起肢体麻痹。上肢应绑扎在上1/3处，下肢应绑扎在大腿中部。

③为防止远端肢体缺血坏死，在一般情况下，上止血带的时间不超过2～3小时，每隔40～50分钟松解一次，以暂时恢复血液循环。松开止血带之前应用手指压迫止血。将止血带松开1～3分钟之后，再在另一稍高平面绑扎。

④松解时，仍有大出血者，不要再在运送途中放松止血带，以免加重休克。如肢体伤重已不能保留，应在伤口上方（近心端）绑扎止血带，不必放松，直到手术截肢。

⑤上好止血带后，在伤者明显部位加上标记，注明上止血带的时间，尽快送医院处理。

⑥严禁用电线、铁丝、绳索代替止血带。

5. 填塞止血

填塞止血是用急救包棉垫或消毒的纱布填塞在伤口内，再用加压包扎法包扎。适用于大腿根、腋窝、肩部、口、鼻、宫腔等部位的出血。

当流血十分严重时，让伤者躺下，用干净的布垫按住伤口，再用绷带或其他干净的布把布垫包紧在伤口上。若血液浸透了绷带，不要拆去那绷带，只需在伤口上加上另一个布垫及扎上新绷带即可。

注：若伤口未能止血或流血很多的时候，应立即打120或自行到医院救治。

二、怀疑骨折

在素质拓展中偶尔会发生跌倒或被外物撞倒或被重物压伤，这些都可令骨头折断，而最好的处理方法是让伤者安稳地躺下，等待医疗人员到场协助。

（一）骨折的分类

1. 依据骨折是否和外界相通分类

（1）开放性骨折

骨折附近的皮肤和黏膜破裂，骨折处与外界相通，如耻骨骨折引起的膀胱或尿道破裂、尾骨骨折引起的直肠破裂，均为开放性骨折。因与外界相通，此类骨折处会受到污染。

（2）闭合性骨折

骨折处皮肤或黏膜完整，不与外界相通，此类骨折没有受到污染。

2. 依据骨折的程度分类

（1）完全性骨折

骨的完整性或连续性全部中断，如管状骨骨折后形成远近两个或两个以上骨折段。横形、斜形、螺旋形及粉碎性骨折均属完全性骨折。

（2）不完全性骨折

骨的完整性或连续性仅有部分中断，如颅骨、肩胛骨及长骨的裂缝骨折，儿童的青枝骨折等均属不完全性骨折。

3. 依据骨折的形态分类

（1）横形、斜形及螺旋形骨折

此类骨折多发生在骨干部。

（2）粉碎性骨折

骨碎裂成两块以上的骨折称为粉碎性骨折。骨折线呈“T”形或“Y”形时，又称“T”形骨折或“Y”形骨折。

（3）压缩骨折

松质骨因压缩而变形，如椎体和跟骨。

（4）星状骨折

多因暴力直接着力于骨面所致，如颅骨及髌骨可发生星状骨折。

（5）凹陷骨折

如颅骨因外力使之发生部分凹陷。

（6）嵌入骨折

发生在长管骨骺端皮质骨和松质骨交界处。骨折后，皮质骨嵌入松质骨内，可发生在股骨颈和肱骨外科颈等处。

（7）裂纹骨折

如长骨干或颅骨伤后可有骨折线，但未通过全部骨质。

（8）青枝骨折

此类骨折多发生在小孩儿，骨质部分断裂，骨膜及部分骨质未断。

（9）骨骺分离

通过骨骺的骨折，骨骺的断面可带有数量不等的骨组织，是骨折的一种。

4. 依据解剖部位分类

如脊柱的椎体骨折、附件骨折、长骨的骨干骨折、骨骺分离、干骺端骨折、关节内骨折等。

5. 依据骨折前骨组织是否正常分类

（1）外伤性骨折

因暴力引起的骨折称为外伤性骨折，此类骨折骨结构正常。

（2）病理性骨折

病理性骨折不同于一般的外伤性骨折，其特点是在发生骨折以前，骨本身即已存在着影响其结构坚固性的内在因素，且这些内在因素使骨结构变得薄弱，在不足以引起正常骨骼发生骨折的轻微外力作用下，即可造成骨折。

6. 依据骨折稳定程度分类

（1）稳定性骨折

骨折复位后经适当的外固定不易发生再移位的称为稳定性骨折，如裂缝骨折、青枝骨折、嵌入骨折、长骨横形骨折等。

（2）不稳定性骨折

骨折复位后易于发生再移位的称为不稳定骨性骨折，如斜形骨折、螺旋骨折、粉碎性骨折。股骨干骨折是横骨折，但因受肌肉强大的牵拉力，不能保持良好的对应，因此也属不稳定骨折。

7. 依据骨折后的时间分类

（1）新鲜骨折

新发生的骨折和尚未充分地纤维连结，还可能进行复位者，2～3周以内的骨折。

(2) 陈旧性骨折

陈旧性骨折是指伤后3周以上的骨折。3周的时限并非恒定，例如儿童的肘部骨折，超过10天就很难整复。

（二）病理性骨折的诱因

1. 全身性疾病：如软骨病、脆骨症、维生素C缺乏症等。
2. 局部骨质病变：如骨髓炎、骨囊肿、骨肿瘤等。
3. 积累性骨折：长期、反复地受到直接或间接暴力，如长途行走。
4. 老年人的骨质疏松造成的骨折。

（三）骨折的判断

首先，判断是否有外伤史，骨折处局部疼痛、皮下淤血、肿胀；完全性骨折还可导致局部的肢体缩短或旋转、畸形和异常活动。

然后，观察骨折处是否出现功能障碍。如下肢骨折无法站立；上肢骨折无法提拎重物等。对怀疑上肢骨折的伤员可以让伤者用手指夹起一张薄薄的纸来帮助判断。如果伤者夹不住，应该考虑骨折了。

另外，专业医生对怀疑骨折处进行检查时，可听是否有骨擦音。即使有这些检查方法辅助判断，但作为非专科医生要区别损伤是扭伤、脱臼，还是骨折，仍然比较困难，医生一定要通过X光检查才能够确诊。

（四）骨折的应急原则

无论哪种损伤发生，现场急救的方法是一样的，即制动。就是对怀疑骨折的部位进行固定。这样做可以减轻疼痛和出血，避免二次损伤的发生，同时还利于搬运。

骨折发生后应迅速使用夹板固定患处。如果不固定，让骨折部位乱动，有可能损伤神经和血管。但是，骨折伴有局部内出血并不断肿胀时，不应固定过紧，否则会压迫血管引起淤血。

固定方法可以用木板附在患肢一侧， 在木板和肢体之间垫上棉花或毛巾等松软物品，再用带子绑好。松紧要适度，木板要长出骨折部位上下两个关节，做超过关节固定，这样才能彻底固定患肢。如果现场没有木板，可用树枝、木棍、雨伞、报纸卷等物品代替。

皮肤有破口的开放性骨折，由于出血严重，可用干净消毒纱布压迫，在纱布外面再用夹板。压迫止不住血时，可用止血带，并在止血带上标明止血的时间。

大腿骨折时内出血可达1000mL（人体总血量大约4000mL），包扎固定过紧也能引起神经麻痹，造成不可挽回的后果。当用夹板、绷带固定后，应每隔30分钟用手指插进去查看一下，以确认是否松紧适度。

对于严重的、大的开放性骨折，处理要遵循“三不”原则。

第一，不要冲洗。以免把脏东西带入骨髓，难以治疗或不利于止血。

第二，不要复位。复位必须由医生来操作，非专业人员盲目复位会造成更大的损伤，应尽快呼叫120，由医生处理。

第三，不要在开放性骨折处用药，这会增加处理的难度。

若伤者严重流血，可以尝试止血。若骨骼外露出伤口，可以用厚的东西包裹伤口，减少伤口受外界感染的机会，并固定骨折部位。例如，断脚可以固定在另一只脚上，断手可以固定在胸部坚硬的木板上，等等。若怀疑是脊椎骨折，切勿移动伤者。若伤者影响交通，应该指挥汽车远离而不去移动伤者，否则可能令伤者更伤。

三、搬运伤员

搬运的目的是使伤员迅速脱离危险地带，减少痛苦，避免再受伤害，并安全迅速地送往医院治疗，以免造成伤员残废。

（一）担架搬运法

担架搬运是最常用的方法，适用于路程长、病情重的伤员。搬运时由3～6人将伤员抱上担架，使其头向外，以便于后面抬的人观察其病情变化。如果伤员呼吸困难、不能平卧，可将伤员背部垫高，让伤员处于半卧位，以利于缓解其呼吸困难；如果伤员腹部受伤，要让伤员屈曲双下肢，脚底踩在担架上，以松弛肌肤、减轻疼痛；如果伤员背部受伤，则使其采取俯卧位。另外，为避免伤员在搬运途中摇晃，担架上的扣带应固定好。

该方法常用的搬运工具有：帆布担架、被服担架、包裹式担架、充气式担架等。在没有担架的情况下，也可就地取材，用椅子、门板、床板、毯子、衣服、竹竿或梯子等。

不同的伤情应选用不同的担架，如脊椎骨折的伤员应用硬担架或木板，呼吸困难的伤员最好用椅式担架等。抬伤员上担架时，应由3～6人分别托住伤员的头、胸、盆骨和腿，动作一致地将伤员平放到担架上，并将其固定在担架上。抬着担架行走时应注意以下三个方面。

（1）前后两人的步伐应交叉，即前者先跨左脚后者先跨右脚，以免担架颠簸、摇晃。

（2）上坡时，伤员的头在前，下坡时伤员的头在后。

（3）冬季要保暖，夏季要防暑，并时刻观察伤员的伤情变化。

（二）徒手搬运法

当在现场找不到任何搬运工具并且伤者伤情不太重时，可用此法搬运。徒手搬运法主要适用于伤情较轻、搬运距离较短的情况。它分为单人搬运法、双人搬运法和多人搬运法。

四、眼外伤

在素质拓展中，很多学生由于保护措施不到位，造成眼睛遭受意外伤害。眼睛受伤后，施行正确的急救是挽救视力的一个重要环节，对下一步治疗起到关键的作用，并可防止视力丧失。眼外伤的分类有多种，按致伤原因可分为眼内异物、眼部撞伤和眼部割伤三类；按伤情则可分为轻伤、中等伤和重伤。

（一）眼外伤的分类

1. 眼内异物

当有异物（如眼睫毛微尘、碎玻璃）入眼，轻者可以随眨眼或泪水分泌而排出，千万不要用手擦眼睛，否则，异物会嵌入或刮伤眼角膜。如果异物仍留在眼内，应闭上眼，然后送医诊治。

2. 眼部撞伤

眼部撞伤可引起眼球或眼睑出血、水肿。伤者应立即用冰敷（冷毛巾）约15分钟以舒缓疼痛及水肿，每2～3小时重复冰敷。48小时后，改用冷热交替敷眼。若视物不清、眼睑变黑或眼睛持久疼痛，可能是内眼损伤，应立即求诊。

3. 眼部割伤

眼部割伤后，应轻盖伤眼，立即求诊，不要自行用水洗眼或试图取出刺入眼内的异物，不要擦眼睛，更不要按压眼睛止血，最好用纸杯等物轻轻覆盖便可。

（二）眼外伤的应急处理

眼外伤的处理步骤与方法如下：

（1）眼球受撞后应去医院进行一次检查，排除眼内出血、晶体脱位、网膜肿胀等不良情况，并及时治疗，以免造成视力减退以致失明的不良后果。

（2）当伤员感觉眼内有一股“热泪”流出，并有眼痛、视力下降时，应考虑有眼球穿孔伤，需立即用消毒纱布覆盖。若没有消毒纱布，则宁愿暴露，也勿用不洁手或其他物品代为遮盖，并即时送医院进行处理。

五、中暑

中暑是指在高温或热辐射的长时间作用下，机体出现体温调节障碍、水电解质代谢紊乱及神经系统功能损害的症状的总称。夏季是中暑的高发期，中暑后不及时处理会引起不可预知的后果，必须及时治疗。学生在素质拓展中最易出现的安全事故就是中暑。

（一）中暑的分类

根据我国《职业性中暑诊断标准》（GB 11508-89），中暑可分为先兆中暑、轻症中暑、重症中暑。

1. 先兆中暑

在高温环境下，出现头痛、头晕、口渴、多汗、四肢无力发酸、注意力不集中、动作不协调等，体温正常或略有升高。

2. 轻症中暑

除上述症状外，体温往往在38℃以上，伴有面色潮红、大量出汗、皮肤灼热，或出现四肢湿冷、面色苍白、血压下降、脉搏增快等表现。

3. 重症中暑

包括热痉挛、热衰竭和热射病。

（二）中暑的应急处理

中暑的处理方法如下：

（1）处理先兆中暑、轻症中暑的措施：给患者降温，并尽快将患者移至清凉的地方。注意不要用酒精擦其身体，也不要让其进食或喝水。

（2）处理重症中暑的措施：将患者移至清凉处，让患者躺下或坐下，并抬高下肢，降温。既可用凉的湿毛巾敷前额和躯干，也可用大湿毛巾、湿床单等把患者包起来，还可用电风扇、有凉风的电吹风吹其降温。注意不要用酒精擦患者的身体。如果患者病情没有好转，应送医院急救。

（3）给神志清晰的患者喂清凉饮料，如果患者神志清醒，呼吸及吞咽均无困难，可以让他喝盐水（每100mL加盐0.9克）。注意不要喝酒或咖啡。

心理素质拓展的训练场地与常用器械

第八章

第一节　心理素质拓展训练场地

一、建立教学基地的必要性

心理素质拓展的特点之一就是将课堂教学的内容与素质拓展的实际需要紧密结合。心理素质拓展课程所需要的场地、器材既是传统体育教学设施无法保障的，同时受教学时间、学校位置等因素限制，也不可能直接将教学场所安排到野外进行，因此，建造一处能够满足本课程基本技能教学的基地是很有必要的。

二、素质拓展训练场地选择

心理素质拓展训练根据场地的不同主要分为室内拓展场地、自然环境的素质拓展场地、自然环境与人造环境相结合的户外拓展训练场地、人工建造的拓展训练场地等。按照我国心理素质拓展训练现行的操作模式，人工建造的拓展训练场地是比较常用的。因为在建造人工场地时，力求使用时更加安全和方便，项目操控时安全保护的设置与功能之间相得益彰，学生活动时符合人体的结构与生物力学特点，同时满足国家标准对于拓展场所的相关要求。但是，为了表现项目的理念，随着理念的变化，项目所需要的场地也在不断地变化。因此，无论什么样的场地，都需要在不断的实践中进行改进。

心理素质拓展训练课程采用先行而后知的体验式教育形式，开设以“校园场地”为主体的心理素质拓展训练活动，对学校相关教育教学效果及目标的实现有着至关重要的影响。拓展场地可以利用学校的地形和其他运动场地之间的空地，应因地制宜建设经济实用的拓展基地。

三、场地建设的基础条件

在建造拓展场所时，应参照拓展场所建造的相关规定进行施工。由于拓展场所是综合性建筑，建造中主要参照相关行业标准进行施工。根据拓展场所的国家标准GB 19079.19-2010规定，拓展训练场地面积室外不小于800m^2，室内不小于600m^2。拓展基地的建设，必须达到安全系数最高、拓展项目领先的要求。基地采用国家体育总局出台的GB 19079.19-2010《体育场所开放条件与技术要求》和国际登联等权威机构认证的户外拓展器械标准。所有场地项目，全部按目前国际最新标准设计，所有保护系统采用国际登联推荐的双保险保护系统。拓展训练设施设备应充分体现人性化，具有安全性高、可操作性强、舒适、可靠等特点。

（一）设施设备材料

拓展场地建设主材主要包括钢材和木料。钢材需要选择不同规格的国标材料，原则上钢架立柱的连接数量不超过两根，横梁要求一根通体的材料连接两端。木料最好选用耐风化的原木，为了增加美观可以进行深加工，但必须表面打磨平整并做防裂缝处理，条件允许可以进行高压防腐处理。钢材表面应进行防腐防锈处理，辅料的使用需要选择质量有保证的材料。

立柱上端应与横梁可靠地固接，各立柱应与安装地面垂直，垂直度应符合国家标准，水平布置的面状结构的承载力应大于3kN/m^2；上方保护点的构件承载力应大于10kN；地面保护点的构件承载力应大于5kN；承接跳跃冲击的悬挂件的承载力应大于5kN；梯子的踏板和登高脚架的承载力应大于2kN；其他攀爬支撑件的承载力应大于3kN；钢丝绳应符合GB /T8918-1996的相关规定，其抗拉力应不小于15kN，接点抗拉力在5kN以上。

（二）安全条件

在场地的建设中必须设计合理、用料考究、施工仔细、检查严格，同时还应遵循安全耐用、易使易查、留有备份的使用原则。

1. 拓展设施设备各支承体表面的所有棱边和尖角，应使其半径R>2.5mm。易接触使用者或第三者的零部件的其他所有棱边应采用其他方式予以圆滑或加以防护。

2. 高空拓展设施设备踩踏面应具有防滑性能，踏板的主运动方向和易滑脱方向应设置高度不低于30mm的防滑脱凸台或护板。

3. 连接器材各支架框架的螺栓、螺母等紧固件应紧固可靠，且应有防松动和防盗措施。螺钉外露部分不应超过其3倍的螺距长度。紧固件的规格、强度、防松动措施及防锈措施等应与器材的负载强度和安全使用期限相匹配。

4. 拓展设施设备的活动部件与固定部件易发生或可能发生刚性碰撞时，其相碰撞的部位应设置弹性缓冲装置，缓冲装置的接触面积应不小于1000mm^2。例如，安装橡胶垫等缓冲装置。

5. 当使用者在拓展设施设备上的站立面高出地面1000mm时，应设置护栏。站立面高度小于2000mm时，护栏高度应不小于600mm；站立面高度大于2000mm时，护栏高度应不小于800mm。器材所有的护栏各防护杆之间的距离以及距应防护范围的边缘距离应不大于120mm。

6. 拓展设施设备主要焊接件强度不得低于300MPa。

7. 钢丝绳的选用应符合GB /T8918-1996的相关规定，若钢丝绳跨距中包含纽结、毛刺，影响到金属件、滑轮或附件的滑动，则必须更换。

8. 拓展设施设备在使用过程中，不应存在运动位与运动位之间以及同一运动位之间的器材干涉、运动范围干涉、人体干涉等不良现象。

9. 拓展设施设备所使用的轴承应采取相应的防水措施。

10. 拓展设施设备所使用的承载人体载荷和主要受力载荷的非金属材料牵索，例如爬绳、攀网器材上的纤维性攀爬绳索等，应满足相应器材安全使用期限的耐久性要求。

11. 钢丝锁紧用于系绳钢丝、拉线及作为紧固主体结构部分，必须回折，其长度可以正常使用三个线夹。

12. 所有线夹材料必须经过电镀处理，或者使用适合的防腐材料。U形线夹的底座必须安装在钢丝固定端或起作用的端头。

13. 所有应用于钢丝的滑轮不能采用塑料。

第二节　心理素质拓展常用器材

拓展器材是拓展培训所需器械和材料的总称，通常我们将在进行拓展培训中所使用的专用器械和材料称为拓展器材。大学生素质拓展训练中所使用的器材，主要包括保护性器械、辅助器械、模拟器械、道具等，每一种器材都是不可缺少的。器材的选择采购、合理使用、保养维护，对于心理素质拓展训练都是非常重要的。保护性装备关系到攀登者的生命安全，在购买挑选时必须注意其质量。一般来讲，通过国际攀登联合会（UIAA）测试标准或欧洲安全标准（CE）的装备都能保证安全，但也不能说具备这些就是万无一失的，还需要规范正确的操作。辅助性装备可主要结合课程设置以及教育教学目标去挑选。

一、安全装备认证标识

如图8-1所示，UIAA，国际登山联合会（UNION INTERNATIONAL ALPINE ASSOCIATIONS）安全检测认证，针对不同装备有详细检测指标，如DYNAMIC1 ROPE检测标准要求IMPECT FORCE小于12kN，UIAA FULLS大于5。CE，欧共体检测认证，和UIAA标准基本相同。

UIAA：国际登山联合会安全检测认证

CE：欧共体检测认证

图8-1

二、安全装备的主要产地

目前，心理素质拓展安全装备主要由法国、意大利、英国、美国等一些开展这项运动较早的国家生产。

三、安全装备的分类

安全装备按用途分为保护性装备和辅助性装备两大类。保护性装备包括安全绳、安全带、扁带、锁具、保护器（下降器）、滑轮、上升器等；辅助性装备包括手套、粉/粉袋、太阳镜等。

安全装备按材质可分织物类和金属类装备两大类。织物类（尼龙制品），如主绳、扁带、安全带等；金属类（铝，铝合金），如锁具、保护器（下降器）滑轮、上升器、头盔等。

四、常用器械介绍

（一）安全绳

在大学生素质拓展训练中，绳索的作用是非常重要的。高空项目最直接的危险来自于坠落产生的冲击力，使用安全绳是解决这一问题的主要手段。安全绳是由高强度的尼龙按特殊方法编织而成的，其结构由绳芯、绳皮两部分组成。使用安全绳，可在攀登者和保护者之间，建立一种可靠的远程连接，为操作者提供安全的平稳过渡。

1. 安全绳的分类

安全绳分为动力绳、静力绳两种（如图8-2所示），主要通过冲坠系数（冲坠系数=冲坠距离/有效绳长）、表皮与绳芯的每米长度差、延展性、冲击力、UIAA标准实验等评价安全绳的性能。

动力绳　　　　静力绳

图8-2　安全绳

（1）动力绳

动力绳分为单绳、双绳和对绳，一般表皮为彩色，延展性在6%～8%左右，承受拉力大于22 kN，主要在攀登中使用。通常攀登用单绳，直径9.5～11mm，60～80mg/m。双绳两根都分别受力，直径8.4～9.5m；对绳不能单独使用。动力绳有一定的延展性，用于攀岩、高空拓展培训队员的人体保护，能有效地承受因攀登者坠落而产生的冲击力。同时，又不会对人体造成不必要的伤害。动力绳是整个攀岩保护系统的核心，UIAA标准的动力绳设计标准为，一个80kg的攀爬者在冲坠系数为2时脱落，对自身所产生的冲击力不超过12kN（人体的受力极限，实验表明人体可以在短时间内承受12kN的冲击力），而实现这个目的是靠主绳的弹性来完成的，这就像蹦极绳一样的动力绳能够吸收突然的冲力。

动力绳首次使用前应浸湿绳索，然后慢慢晾干，此时绳索长度会收缩5%左右，所以应合理预算必须使用的绳索长度。活动开始前，检查下降器和其他部件与绳索接触面是否光滑。活动过程中，要展开绳索以避免因绳索缠绕或扭曲而造成过大的摩擦。绳索使用过程中，应避免与尖锐边缘或工具摩擦，避免将两根绳索直接摩擦，这些都有可能导致绳索断裂。另外，还要避免过快速度下降和放绳，否则将加速绳索外皮的磨损。聚酰胺材料（POLYAMIDE）的熔点为230℃，如果过快摩擦绳索表面有可能达到此极限温度。

当受到水和冰的影响后绳索的摩擦系数会增大且强度会有所降低，此时应更加关注绳索的使用情况。在使用前及使用过程中，必须考虑救援的实际情况。使用者必须确保自身具备健康合格的身体条件以适应使用这些装备时的安全需求。

（2）静力绳

静力绳多为单色，延展性小于或等于2%左右，承受拉力大于22kN，传统使用于探洞、救援中，但现在在高空速降中经常被使用，甚至在攀岩馆中可以作为顶绳保护之用。静力绳设计为有尽可能小的弹性，所以，它几乎不能吸收冲击力。静力绳并不像动力绳那样有完善的工业体系标准，所以，不同的厂商、不同的国家和地区所生产的静力绳其弹性可能有很大的差别。

静力绳就像钢缆一样，把所有的冲击力直接传给保护系统和脱落者，在这种情况下即使一个很短的冲坠都会对系统产生非常大的冲击力。绳套和扁带也如同静力绳，它们也没有延展性。静力绳保护脱落时所产生的冲击力可以使扁带、安全带、铁锁等装备失效，更危险的是这样大的冲击力可以直接使脱落者腰部骨折。模拟实验表明，在静力绳保护下，一个短于1.2m的脱落就可能对脱落者造成极其严重的伤害，甚至危及生命安全。

2. 安全绳的选择

（1）安全绳应经过国际攀登联合会（UIAA）测试标准或欧洲安全标准（CE）的认证。

（2）绳轴数越小延展性越多，绳轴数越多抗磨性越好。

（3）绳皮与绳芯之间的滑动摩擦力越小越好。

（4）绳子不是越粗越好，适合的最好。

（5）绳子的拉力不能小于22kN（1kN=100公斤力）。

（6）要注意绳子的扭曲情况，只要可能存在隐患，就不能再使用。

3. 安全绳的使用

（1）使用前：每次使用前，可用手捋一遍，应该粗细均匀，无鼓包，柔软度适中，没明显变硬或变软的地方，绳子表皮无破损。

（2）使用中：使用防水布垫在绳子下；不能踩、拖或当座垫，以防岩屑、细沙进入绳子纤维里面，磨损绳子；给绳子进行编号管理，记录购买时间、每次使用的时间和使用频率。

（3）使用后：解开所有的绳结，绳子要避免经常清洗，如要清洗应使用清水冲洗，然后风干。（洗过的绳子强度会减弱）

（4）不能使用的情况：承受过几次冲坠系数接近于2的冲坠；野蛮使用过的绳子，如拖拉汽车等；被大的坚硬物体击中过，经检查有明显伤痕；表皮有明显伤痕。

4. 安全绳的保养

（1）绳子应存放在通风干燥的地方， 避免强烈的紫外线。

（2）绳索的储存或使用温度不可超过80℃。

（3）避免接触油类、酒精、汽油、油漆溶剂或酸碱性化学物品。

（4）避免接触水、冰、火、高温。

（5）不要在绳子边上抽烟、不允许踩绳子，避免接触尖锐的东西（锋利的岩石、沙砾）。

（6）避免他用，如捆扎物品。不要野蛮使用，如拖拉汽车等。

（7）不可外借。

（8）不符合要求的绳子务必及时报废，严禁购买旧绳子。

（二）扁带

扁带（如图8-3所示）在保护系统中起软性连接作用，按连接方式可分为两种，一种是机械缝制的扁带套，另一种是需手工打结的散扁带。前者拉力可达22kN；后者抗拉力随扁带性质及打结方式不同而改变，一般很难达到20kN，一般为18kN。扁带按结构还可分为筒状扁带和实心扁带两种。心理素质拓展培训中选用的扁带必须是经过UIAA或CE认证的。

图8-3　扁带

（三）安全带

安全带为攀登者和保护者提供一种安全舒适的固定，并方便与绳子连接，可以把坠落的冲击力分散到腰、腿上，而不只是集中于腰上。安全带按形状可分为全身式安全带、坐式安全带和胸式安全带（如图8-4所示）。

坐式安全带

全身式安全带

胸式安全带

图8-4　安全带

1. 安全带的分类

（1）坐式安全带

坐式安全带，也叫半身式安全带，主要由腰带和腿带构成，可分为全可调和半可调两种。传统的坐式全可调安全带的腰带和腿带均为宽带制成，腿带和连接环为一根完整的宽带，确保结实牢固，穿戴方便，适合学生在拓展训练中使用。现在许多安全带的腰带和腿带都可以调整，腰带采用独特的喇叭口外形设计，可以提供更理想的支撑和舒适度，使行动更加自如。全可调式安全带腰部调整范围为60～100cm，腿部调整范围为45～72cm，大多都有装备环。半身式安全带穿法如下：

①将安全环的一面放在身前。

②像穿短裤一样，左腿伸进左腿带，右腿伸进右腿带。

③带扣在左边，穿带在右边的半身式安全带居多，也有两边都带穿带的。

④半身式安全带基本不带自锁装置，穿戴完毕后必须将腰带和腿带打反扣，反扣后剩余腰带和腿带的长度不低于8cm。

穿戴安全标准如下：

①腰带穿在髋部以上，松紧程度以“用右手中、食指在腹部弯成90°”时感到比较紧不舒畅即可。

②腿带不要绷得过紧，以五指插入能够上下自由活动为准。

（2）全身式安全带

全身式安全带多在空中跳跃等项目中使用，因为人在受力时，受力方向垂直于地面，竖直向上，可以将拉力均匀地分散到腿、胸、背，能够防止人在空中翻腾。它的缺点是：如果冲坠过于猛烈，它会不断地转动，使攀爬者眩晕且有可能会使脖子受伤。全身式安全带因穿脱不方便等缺点已逐渐退出攀岩、登山的舞台，目前多运用在工业或者一些拓展活动中。全身式安全带的穿法如下：

①将有安全环的一面放在身后。

②像穿短裤一样，左腿伸进左腿带，右腿伸进右腿带。

③带扣在右边，穿带在左边。

④全身式安全带常带自锁装置，如果不带自锁装置的，穿戴完毕后必须打反扣。

⑤穿安全带时要求做项目队员躬身弯背，待培训师扣好铁锁时再挺直腰身。

穿戴安全标准如下：

①胸带松紧度以“穿戴队员站起时上半身稍感勒束”即为合格。

②腿带不要绷得过紧，松紧度以五指插入能够上下自由活动为准。

（3）胸式安全带

胸式安全带可以让使用者在出现意外时不至于出现头下脚上的状况。在某些特殊情况下使用胸式安全带是非常必要的，例如“空中单杠”。在没有全身式安全带可供使用的情况下，就必须使用胸式安全带作为配合。胸式安全带的缺点是冲击力较大，当上半身承受过大的压力时，如果使用不当将会造成危险的后果。

2. 安全带的选择

（1）应经过UIAA或CE认证。

（2）不购买二手产品，不借用他人装备。

（3）挑选大小相配、松紧适度的安全带。

3. 安全带使用时的注意事项

（1）个人装备不转借。

（2）分清上、下、左、右、里、外，不可颠倒扭曲。

（3）腰带和腿带必须反扣回去，反扣回去的长度大于8cm。

（4）拓展活动过程中不能解开安全带。

（5）装备挂环不能承重，最多不超过10kg。

（6）拓展活动前或进行操作前必须再一次进行检查。

（四）头盔

目前，市场上的头盔主要有传统头盔和专用头盔两种（如图8-5所示）。头盔为碎裂式保护性头盔，当它遭受强力撞击时会形成网纹碎块状，以起到分解冲击力的作用，并将冲坠时的撞击力降到最低。在心理素质拓展训练活动中，戴上头盔能够使外在的危险减少一半左右，因为相对于坚硬的岩石与钢铁，头部骨骼十分脆弱，即使与树干发生磕碰，没有头盗的保护也容易受到伤害。

传统头盔

专用头盔

图8-5　头盔

1. 头盔的分类

（1）传统头盔

在心理素质拓展训练中，我们一般选择传统头盔。传统头盔具有质量好、功能简单的特点。这类头盔重量轻，使用起来有良好的舒适度，并且有较好的透气性。传统头盔大多采用聚乙烯材料外壳，内层采用尼龙材料，紧贴皮肤处采用速干、透气材料，并且两侧的通风孔可以降低头盔内温度并帮助排汗。

（2）专用头盔

专用头盔通常为流线型，颈部有快速收紧装置。可单手操作，快速调节头盔两侧的通风孔，使佩戴者保持清醒。适用于攀岩、登山等探险类活动。

2. 头盔使用时的注意事项

（1）向学生传递安全理念。在心理素质拓展训练中，高空项目、野外项目中的攀爬和下降、水上项目和绳索课程，学生都应该戴上头盔。许多拓展培训机构要求学生和培训师都使用头盔，对于拓展师而言安全使用头盔既保证了自身安全，又向学生传递了安全理念。

（2）选择合适的头盔。在心理素质拓展训练中，我们一般选择质量好、功能简单的头盔，因为这类头盔具有款式经典、重量轻、舒适性和透气性好的特点。大多数学生都是初次使用头盔，有些学生可能感觉很别扭，不愿意戴头盔，也有些学生戴头盔后下意识地不断整理调节，所以应该选择合适的头盔供学生使用，并且调节到最佳状态。

（3）尽量使用全可调的头盔，包括头围与颈部的收紧装置。有些头盔是在塑料外壳内固定了一层泡沫层，头围大小不能调解，一旦有头围较大的学生戴上之后，头盔高高地翘在头顶，而且会紧紧勒住颈部，既不美观也不实用，能有多少安全保障更是难以确定。

（4）不要将头盔的前后戴反了。头盔和我们常戴的棒球帽一样都有前后之分，棒球帽的帽詹朝后戴在头上有时是不错的选择，但是头盔这样戴就不可以了，尤其是那种非流线型的半圆头盔，戴反了会觉得很不舒适，而且很容易遮住自己的眼睛。

（5）应将长发盘起收于头盔内。如果长发在头盔外飞舞，容易和安全衣或绳索发生缠绕，造成伤害。头上佩戴的饰物也应该摘下，避免和头盔里的震荡缓冲装置缠绕在一起。

（6）给学生戴头盔时要注意细节，体现人文关怀。如果颈部的收紧带是搭扣的，教师在帮学生戴头盔时必须用自己的一个手指垫在学生的颈颊部，防止扣紧搭扣时夹伤皮肤，并且需要把使用方法教给每一个学生。头盔的使用不仅仅能够保护头顶，有时候还会保护眼睛与脸部，尤其是流线型较好的头盔，有的还会有一个前遮，这样的头盔并不是因为好看或时髦，在一些快速移动的项目中，树枝或绳索有可能会伤到脸部，此部分的仰角可以起缓冲作用。

（五）锁具

锁具，在保护系统中做刚性连接，用来连接绳子与保护点、安全带与保护/下降器等。根据形状或材质，常见的锁具有O形锁、D形锁、改良D形锁等。

1. 锁具的分类

（1）O形锁

O形锁（如图8-6所示），负荷由两边平均分担，缺点是承受拉力小，优点是摩擦力小，圆动性好，钢制铁锁承受拉力比铝合金更大。

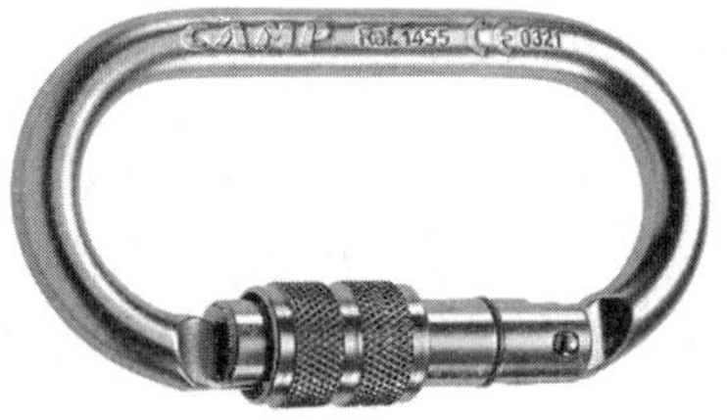

图8-6　O形锁

（2）D形锁

D形锁（铝合金或钛合金）（如图8-7所示），几乎全部负荷是由开口对面的长边承受，因此承受拉力大（正常为20～30kN）。

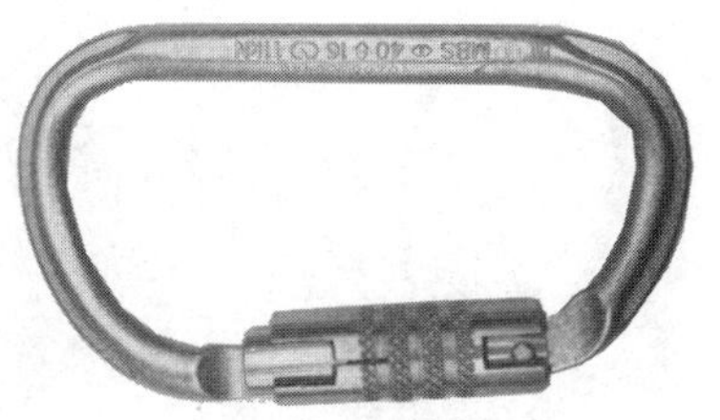

图8-7 D形锁

（3）改良D形锁

改良D形锁（铝合金或钛合金）（如图8-8所示），形如腰果，体积小，开口大，操作方便。

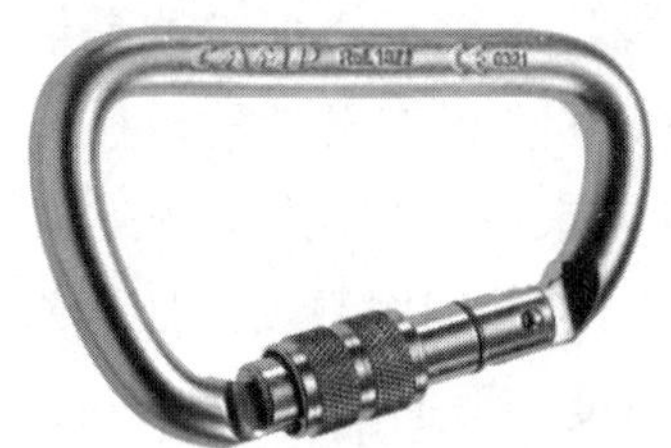

图8-8 改良D形锁

2. 锁具的性能分析

（1）D形锁受力几乎全部由开口对面的长边承受，承拉性能好。

（2）O形锁负荷由两边平均承担，承拉力较小，摩擦力小，圆动性能好。

（3）改良D形锁体积小，腰果型，开口大，操作方便。

（4）受力分析：铁锁的受力极限在20kN以上。

（5）非正常受力：横向受力=1/3正常受力，锁开纵向=1/3正常受力。以上两种铁锁正常受力都大于15 kN；横向受力为正常受力的1/3；开口开启受力也为正常受力的1/3。

3. 锁具使用时的注意事项

（1）使用过程中要保证丝扣锁纵向受力，大头朝下，小头朝上。

（2）丝扣锁在使用过程中，将锁扣拧到自然紧即可，避免锁死。

（3）两个锁一块使用时，开口相反，大头朝下。

（4）当发生以下情况时，要及时报废，如：拓展培训时8m高空坠地（水泥地），野外攀岩4m高空坠地（岩石），铁锁使用后内环磨损1/3，锁具直接撞到坚硬物品强度过大时。

（六）制动装置

1. 下降器

常见的下降器有8字环、ATC、GRIGRI、STOP等，如图8-9所示。在保护和下降过程中，通过下降器与保护绳之间产生的摩擦力可减小操作者所需的握力。

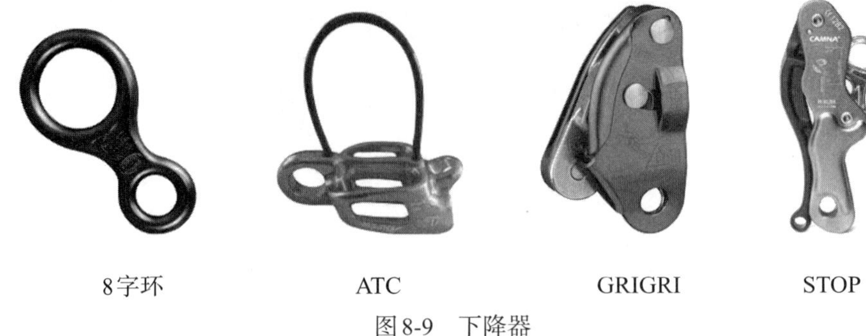

8字环　　ATC　　GRIGRI　　STOP

图8-9　下降器

8字环类保护器是攀登者发明的第一代保护器，它结构简单、操作方法简便，是国际攀岩比赛要求的专用保护器。8字环类保护器是最常见的下降保护器，经常用于大学生素质拓展中。8字环类保护器没有复杂的机械装置，在使用的时候不会出现机械性的故障，特别是对于初学者来说，其使用方法也相对简单，仅有两个封闭的金属环，没有制动端和攀爬端之分，在装绳时只要按照通常的方法操作就可以了。不同的8字环是为了调节绳子的形变角度和增加摩擦力大小而设计的。8字环适用的绳子的直径为大于等于8mm且小于等于13mm，所以8字环类保护器的应用范围非常广泛，可用于登山、攀岩、溪降、救援、工程等方面。但8字环类保护器不能用于长距离下降（15m以上为长距离）。

ATC类保护器的操作方法简单，送绳和收绳都非常流畅，绳索不容易产生卷曲缠绕，可用于单绳或双绳，且制动性优于8字环类保护器，所以深受攀登者的喜欢。如今各式各样的ATC类保护器琳琅满目，国内常见的有：ATC，ATC XP，ATC Guide，REVERSO，REVERSINO等。不同厂家的产品，其使用功能也略有区别，所以使用前一定要认真查看产品说明书。

GRIGRI价格昂贵，可以自锁，但只能用于单绳。

STOP可做长距离安全下降的下降器，可以自锁，但价格较贵，自重较大，只能用于单绳。

2. 上升器

上升器分为左手上升器和右手上升器两种（如图8-10所示），其主材为合成金属，外附（手握处及手扳点）耐腐橡胶。左手上升器用左手握式，左撇子（使用人）习惯选用，放在立柱左侧；右手上升器用右手握式，使用人为右手的习惯选用，放在立柱右侧。上升时握住“橡胶把”轻轻向上推至40cm左右；下降时握住“橡胶把”用拇指轻轻抠住橡胶扳点（切记，不可触及银色金属扳点）向下滑动30cm左右。上升器主要用于沿绳索上升或提拉重物时使用。上升器的设计让探洞者以固定绳索上升。上升器在攀山、多段路线或攀冰时很有用，它们可以满足很多不同的需要，如辅助第二名攀登者，拖拉一个伤者等。上升器的制动是靠贴在绳侧的倒刺来完成的，所以不要将手伸进上升器内，以免造成不必要的伤害。上升器对于在固定绳索上探洞最为理想，能更为有效地减少疲倦。在大学生素质拓展中，上升器一般供拓展训练师使用，训练师应熟练单手操作，不熟练者在特殊情况下可能会出现失误操作，导致失控坠落。

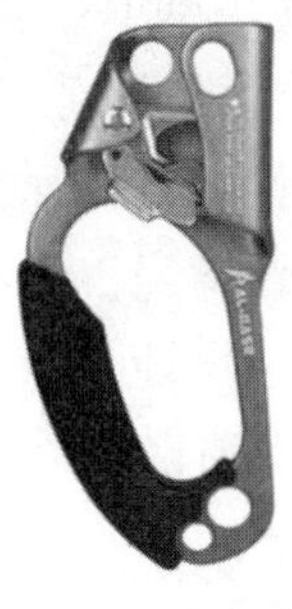

左手上升器

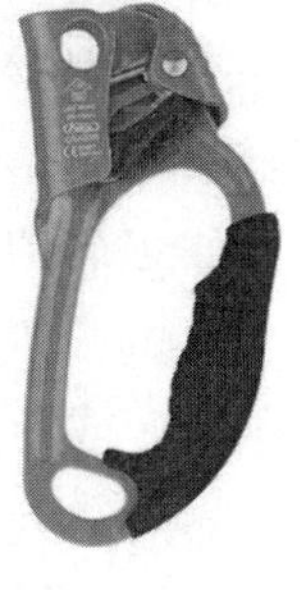

右手上升器

图8-10 上升器

3. **滑轮**

滑轮一般在高空项目中使用，用于保护点的设置、救援，如图8-11所示。决定一个滑轮效率的有两个元素：一是轮子的大小（在绳索上走动的轮子），轮子越大，效率越高。二是轴承种类，自动润滑轴承是有效率的，不过需要定期加油。密封轴承非常有效率且只需非常有限的保养。

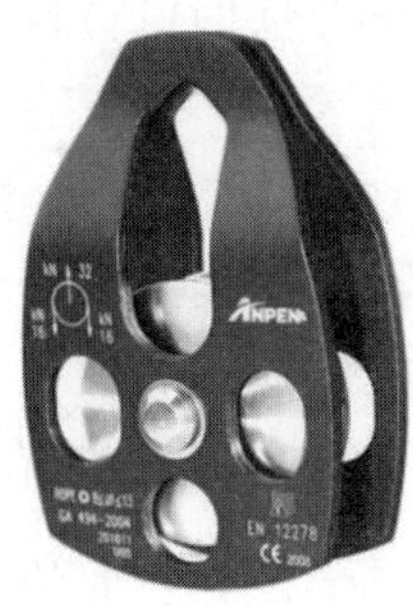

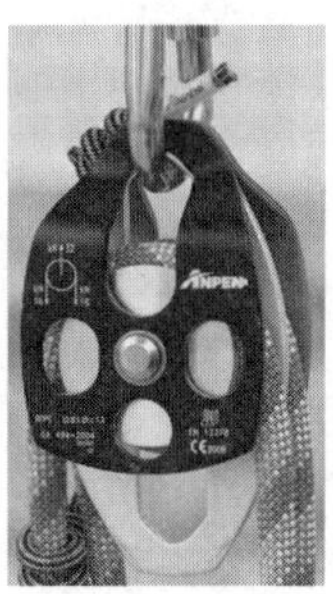

图8-11 滑轮

有固定侧板的滑轮可以很容易、快速地安装在绳索上，不过必须使用对称形状的安全扣。

滑轮可在绳索的任何一点安装，对于有摆动侧板的滑轮必须打开才能安装在绳索上，但可使用任何形状的安全扣。

滑轮种类的区别如下：

（1）自动制停滑轮：可以有效地代替传统的滑轮和绳柄组合。因为它们安装简单和快速，所以在冰隙或攀山拯救的情况下非常理想。同时，也可用作拖拉重物或前进制停设备。

（2）单一滑轮：轻型和多用途。在复杂的拖拉系统中可作为回转点，在简单的系统中也可作为主要滑轮。一般常用在高空项目训练中。

（七）其他器械介绍

1. 辅助性器械

除了基本的保护性器械外，拓展训练中还会用到一些辅助器械，如背摔绳、眼罩等，这些器械没有统一的规格，有的器械在市场上可以买到，有的器械需要自己动手做。

辅助性器械也应让学员感到舒服、安全。例如，背摔绳最好选用柔软、防滑、结实的绒布或毛巾缝制，而用安全带或者塑料绳代替背摔绳，会出现将学生勒伤的情况，这种做法是不可取的。拓展中使用的眼罩建议使用一次性眼罩，如果条件不允许，至少应该在学生使用前将眼罩清洗干净，或者给他们垫上消毒纸片，以避免传播眼疾。

2. 模拟器械

拓展项目中经常会有各种模拟情境，为了使情境更加真实，我们会模拟一些情境模式，这样不仅降低了操作的风险，也给活动增加了趣味性和挑战性。例如，“高空断桥”的桥板代替天堑或者两个船之间的甲板，“空中单杠”的“秋千单杠”代替树枝或救生梯等。有些则是用一些生活用品作为替代物进行模拟，如“求生电网”的网绳代替具有高压电的“电网”，“孤岛求生”中的木箱代替孤岛等。

模拟器械的使用，让学生对活动充满了期待，并以战胜和征服这些所代替的情境为乐趣。有时候我们可以给身边的任意物品赋予一定的意义，把它当作是拓展训练中某一情境。另外，模拟器械如果与学生安全相联系时，一定要提前进行合理的评估和测试，避免意外情况的发生。

3. 拓展道具

拓展道具也是活动过程中必不可少的元素，为拓展活动的顺利完成提供便利。一支笔、一张纸、一根木棍、一根线或者是一个纸杯，都可能成为拓展项目中的关键元素，甚至会影响到活动的进展。学生在拓展项目中要学会充分利用这些道具，否则将会降低活动的成功率，如“孤岛求生”中羽毛球的使用。有些项目则需要将道具综合起来运用，才能达到活动的要求。器械和道具的合理使用能够让拓展的情境更加真实化，合理地使用器械和道具可以让学生在安全、可靠、有趣的环境中感受拓展的魅力，可以使拓展得到更好的发展，也可以将更多的、可利用的资源引入拓展中来，为拓展的开展做出贡献。

五、绳结

（一）基本结——半结

基本结可用于防止滑动，或是在绳子末端绽开时起暂时防止继续脱线的作用，如图8-12所示。部分高空项目，做地面保护时，主绳不够长时使用（在末端系），防止绳子滑落。当结打得太紧或弄湿时不容易解开。

图8-12　基本结

（二）单8字结

单8字结主要用于主绳与安全带的连接，如图8-13所示，可与止锁结配合使用。此结即使两端拉得很紧，依然可以轻松解开。

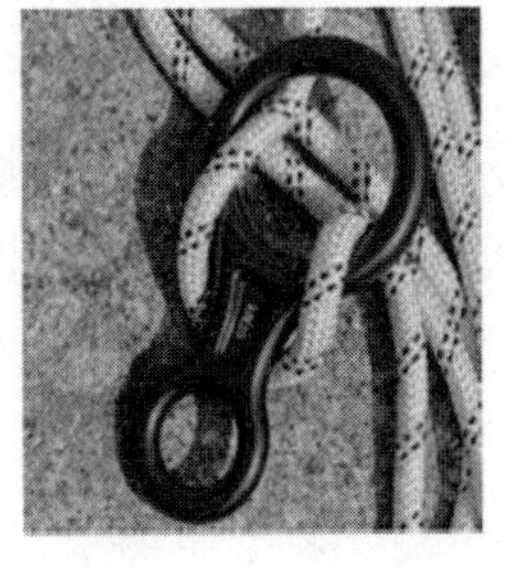

图8-13　单8字结

（三）双8字结

双8字结主要用于主绳与安全带的连接，可与止锁结配合使用。此结即使两端拉得很紧，依然可以轻松解开。

（四）渔夫（人）结

渔夫（人）结又名交织结，如图8-14所示。一般用于连接直径相同且小于8mm的圆绳，易做成绳套。此结十分容易打，但很难拆开。故应尽量避免用在一些质地好的绳上，也不要用在会扯得很紧的绳上，因为绳子扯紧后很难解开。

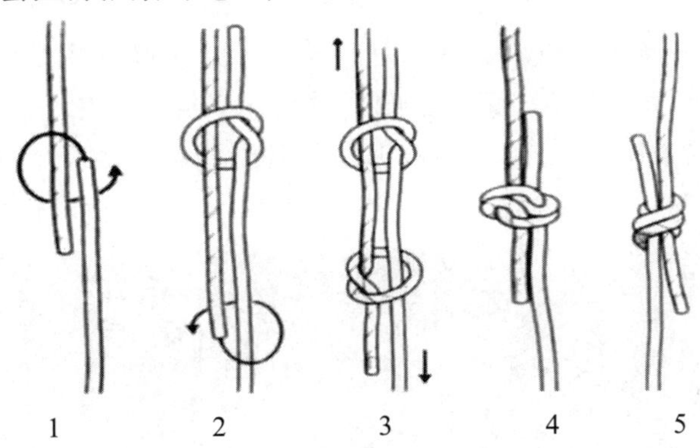

图8-14　渔夫（人）结

（五）水结（扁带结）

水结用于连接扁带或者绳索，余留部分不小于5mm。先打结一端，再反穿另一端，如图8-15所示。

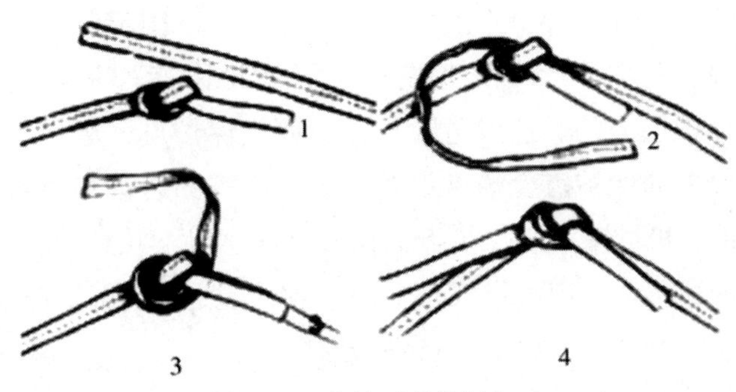

图8-15　水结（扁带结）

（六）双套结（猪蹄扣）

双套结通常应用在两端施力均等的物品上，适用于水平拉力的情况，如图8-16所示。双套结具备极高的安全性，不过，如果只在绳索的一端使力的话，双套结的结构可能会乱掉或松开。

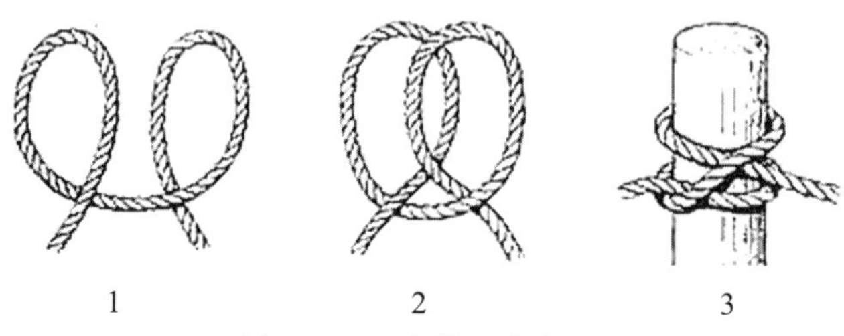

图8-16　双套结（猪蹄扣）

（七）平结（左搭右，右搭左）

平结用于将同一条绳的两端绑在一起，适用于连接同样粗细、同样材质的绳索，但不适用于较粗、表面光滑的绳索，如图8-17所示。缠绕方法一旦发生错误，结果可能会变成两个不完全的活结，用力一拉绳结，其结构就会散开。如果绳结拉得太紧，就不太容易解开。但是，双手握住绳头，朝两边用力一拉，也可轻松解开。

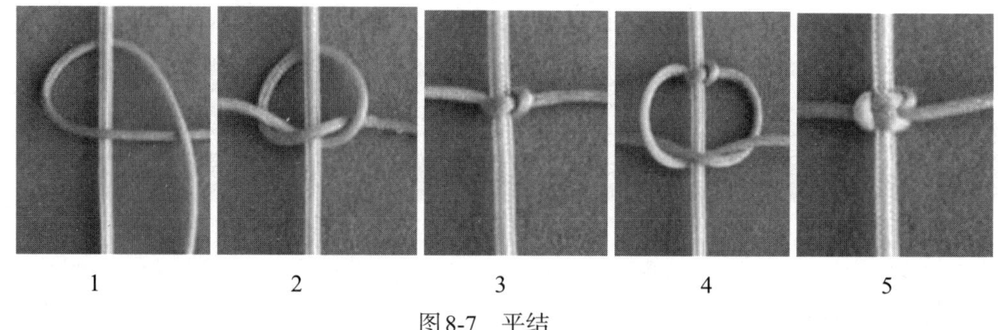

图8-7　平结

六、固定保护点的设置

固定保护点的设置有两种：天然固定保护点、人工固定保护点。天然固定保护点可供绳索连接岩柱、树木等，但在使用前必须仔细测试其牢固程度和可承受力，避免因判断不准确使保护点失效，造成危险。人工固定保护点，通常是人们在建造的高空设置或攀岩架上设置的保护点。通常设置保护点所需的装备有绳套、铁索、挂片、岩钉、岩塞、膨胀锥、机械塞等。保护点的设置需注意以下几点：

1. 用两根扁带和两个铁锁可组成一个保护点，但主锁和扁带应是独立的。

2. 保护点要求受力均匀，尽量实行备份原则。

3. 扁带的接头始终应是悬空的。

4. 保护点的受力要求：如果有两个或两个以上的保护点起作用，在固定点和绳套强度一定的情况下，其安全性的大小取决于设置的方式。两个力的角度越小，力的大小也相应减小，即对固定点和绳套的拉力也随之变小，直到角度为0，两个力减小为总力的一半。由于两个固定点一般不会在一起，所以，一般要求夹角小于60°。

七、器械维护

1. 大学生素质拓展训练器械在安装完毕后应由专人负责管理，必须建立使用、维护记录。在训练前应彻底检查各部件结构，要求所有器械完好，方可进行训练。

2. 每经过约100人（次）训练后，应立即检查器械各部件结构，看其是否还能达到训练要求，如果出现螺丝松动或者损伤等情况，应立即排除，待完善后再进行训练。横梁及高空重挂件的连接须重点检查。

3. 每次使用前应由专人对立柱拉耳、弓形卸扣、钢丝绳、钢丝夹、滑车、锁紧销、钢锁、梨形环、花兰螺丝等安全系统部件进行仔细检查。松动的部位要紧固并锁紧，磨损超过原件10%的要及时更换，钢丝绳有过载迹象、直径减少10%、腐蚀打结、绳芯伸出、电击等现象的必须更换。

4. 支撑立柱、钢丝绳拉耳的焊接部位每6个月应做一次防腐处理，锈蚀超过钢管壁厚10%时，应予以更换。

5. 器械地脚、拉线环每半年做一次防腐处理，锈蚀超过直径10%时，应更换。

6. 攀岩板及岩石每次使用前应安排专人检查安全杆焊接部位、岩板及岩点是否有裂痕、螺丝是否松动。攀岩螺丝每半年应紧固一次。

7. 油丝绳、单杠滑车、断桥丝杆每半年应涂一次黄油。

8. 所有器械的边角及焊接处每年春、秋各做一次防腐处理。

9. 所有器械每两年做一次防腐处理。

10. 防腐处理时，必须先用300#砂纸将器械打磨干净，再刷底漆两遍、面漆两遍，每道漆涂刷前必须等前道漆干后再刷。

11. 器械检查维护时，要求检查者攀爬上去，与被检查的装备近距离接触进行检查。

12. 检查维护报告含检查日期、器械名称、器械状态、维修项目更换配件名称及数量。

13. 检查维护人员应系好安全带，戴好安全帽。

14. 器械维护的具体项目及时间，如表8-1所示。

表8-1　训练器械例行检查的项目及时间参考

<table>
<tr><th>器械</th><th>检查项目</th><th>正常标准</th><th>检查时间</th><th>维护保养</th></tr>
<tr><td rowspan="13">绳索及扁带</td><td rowspan="6">外观及触感</td><td>1. 直径正常，无膨胀变粗，不变扁，下垂后直、顺，不扭曲，垂性好</td><td rowspan="21">每次使用前后均由挂摘该项目的教练进行检查，每两周由专人仔细检查一次，并填写《训练器材定期检查录表》</td><td rowspan="13">绳索每次用后要解开所有绳结，整理平顺并收拢，然后妥善储存于阴凉、干燥的地方。保持清洁，每半年应视情况清洗一次，在清水中用中性洗涤剂清洗，然后将绳摊开在干净的地板上，让其自然阴干</td></tr>
<tr><td>2. 柔软度正常，无变硬</td></tr>
<tr><td>3. 触感平滑，无挑线、磨损、割破、刺穿</td></tr>
<tr><td>4. 清洁无泥沙，无化学剂（如油漆、溶剂、酸碱等）污染</td></tr>
<tr><td>5. 绳头紧固无散开</td></tr>
<tr><td>6. 护套与内芯的相互滑动小于1%</td></tr>
<tr><td rowspan="7">危险使用史</td><td>1. 无长时间阳光直接曝晒史</td></tr>
<tr><td>2. 无热源、油类、酒精、汽油、油漆、溶剂、酸碱、电池等接触史</td></tr>
<tr><td>3. 无踩踏、坐卧、乱扔乱拖史（谨防岩屑、细砂留存纤维之间而造成缓慢切割）</td></tr>
<tr><td>4. 无严重磨损（如将绳子跨在尖利的岩角或岩面上负重或横向摩擦）及重砸、重压史</td></tr>
<tr><td>5. 无滥用史（如拖拉汽车或捆绑货物）</td></tr>
<tr><td>6. 无遭坠落系数大于2（坠落系数=坠落距离/保护时放出绳索的长度）的严重冲坠史</td></tr>
<tr><td>7. 无接触火焰史</td></tr>
<tr><td rowspan="8">安全带</td><td rowspan="7">外观及触感</td><td>1. 外观正常，无严重扭曲</td><td rowspan="8">同绳索</td></tr>
<tr><td>2. 各缝线处均正常无开线、断线</td></tr>
<tr><td>3. 无挑线、磨损、割破、刺穿</td></tr>
<tr><td>4. 柔软度正常无变硬</td></tr>
<tr><td>5. 清洁无泥沙，无化学剂（如油漆、溶剂、酸碱等）污染</td></tr>
<tr><td>6. 腰带头紧固无散开</td></tr>
<tr><td>7. 腰带钢扣无磨损、裂纹</td></tr>
<tr><td>危险使用史</td><td>同绳索各项</td></tr>
</table>

续表

<table>
<tr><th>器械</th><th>检查项目</th><th>正常标准</th><th>检查时间</th><th>维护保养</th></tr>
<tr><td rowspan="10">铁锁</td><td rowspan="6">外观及触感</td><td>1. 外形正常无变形，开口无弯曲</td><td rowspan="27">每次使用前后均由挂摘该项目的教练进行检查，每两周由专人仔细检查一次，并填写《训练器材定期检查记录表》</td><td rowspan="10">若铁锁锁口有细微的损伤刻边，可用锉刀小心磨掉；开口生锈或枢纽、弹簧处有污物，可用煤油、溶剂、汽油等滴在开关处，反复开闭，直到开闭平顺，然后除去清洁油</td></tr>
<tr><td>2. 表面无龟裂及伤痕</td></tr>
<tr><td>3. 被绳索磨损厚度小于1mm</td></tr>
<tr><td>4. 丝扣正常，无溢扣，无脱轨</td></tr>
<tr><td>5. 开口的开启、闭合平顺无阻碍，承重时能开闭</td></tr>
<tr><td>6. 开口、丝扣、枢纽、弹簧清洁无污物，无锈蚀</td></tr>
<tr><td rowspan="4">危险使用史</td><td>1. 无严重撞击、磨损史</td></tr>
<tr><td>2. 无接触酸碱等腐蚀化学剂史</td></tr>
<tr><td>3. 无接触火焰史</td></tr>
<tr><td>4. 无滥用史（如承受大于其标定拉力）</td></tr>
<tr><td rowspan="7">下降器</td><td rowspan="3">外观及触感</td><td>1. 外形正常、无变形</td><td rowspan="9">同铁锁</td></tr>
<tr><td>2. 表面无龟裂及伤痕</td></tr>
<tr><td>3. 被绳索磨损厚度小于1mm</td></tr>
<tr><td rowspan="4">危险使用史</td><td>1. 无严重撞击、磨损史</td></tr>
<tr><td>2. 无接触酸碱等腐蚀化学剂史</td></tr>
<tr><td>3. 无接触火焰史</td></tr>
<tr><td>4. 无滥用史（如承受大于其标定拉力）</td></tr>
<tr><td rowspan="2">上升器</td><td>外观及触感</td><td>同铁锁</td></tr>
<tr><td>危险使用史</td><td>同铁锁</td></tr>
<tr><td rowspan="8">头盔</td><td rowspan="4">外观及触感</td><td>1. 外观正常、无严重磨痕</td><td rowspan="8">头盔表面可用清水擦拭，内里的尼龙垫可拆下清洗</td></tr>
<tr><td>2. 插扣、粘带、中枢等各连接环节齐全、无缺损并使用正常</td></tr>
<tr><td>3. 头盔内各支撑点均牢固、无松动</td></tr>
<tr><td>4. 尼龙固定带柔软、平滑，无挑线、磨损，带头无散开，缝线无开线、断线</td></tr>
<tr><td rowspan="4">危险使用史</td><td>1. 无严重撞击、磨损史</td></tr>
<tr><td>2. 无接触酸碱等腐蚀化学剂史</td></tr>
<tr><td>3. 无接触火焰史</td></tr>
<tr><td>4. 无滥用史（如盛物或被坐）</td></tr>
</table>

参 考 文 献

[1] 段国萍. 素质拓展[M]. 重庆：重庆大学出版社，2014.

[2] 张驰，田宝伟，郑日昌. 团体心理训练[M]. 北京：开明出版社，2012.

[3] 吴兆方，陈光曙. 大学生素质拓展训练[M]. 上海：同济大学出版社，2010.

[4] https：//baike.baidu.com/item/%E6%88%B7%E5%A4%96%E6%8B%93%E5%B1%95%E8%AE%AD%E7%BB%83/2929148

[5] https：//www.172xiaoyuan.com

[6] https：//www.qiyetuozhan.com/content/?1033.htmL

[7] http：//baijiahao.baidu.com/s?id=1599672172577414707&wfr=spider&for=pc

[8] https：//wenku.baidu.com/view/6441fa3c4431b90d6c85c78c.htmL

[9] https：//www.qiyetuozhan.com/content/?995.htmL

[10] http：//www.langetuozhan.com/Products/nyfz.htmL

[11] https：//wenku.baidu.com/view/6959f1d184254b35eefd3452.htmL?from=search

[12] https：//baike.baidu.com/item

[13] http：//www.ljtyjy.org/index.php?m=&c=show&a=index&cid=19&id=311

[14] https：//www.nuohanwei.com/news/zixun/88.htm

[15] https：//wenku.baidu.com/view/a4cb284453ea551810a6f524ccbff121dc36c54e.htmL

[16] https：//baike.baidu.com/item/%E6%98%8F%E8%BF%B7/1370676?fr=aladdin

[17] https：//wenku.baidu.com/view/916904f577a20029bd64783e0912a21615797f5e.htmL?rec_ flag=default&sxts=1550569989983